D1080569

Bonne Chance dans
la Pratique de
l'astrologie des

* ETOILES *

ÊTES-VOUS NÉ(E) SOUS UNE BONNE ÉTOILE?

Données de catalogage avant publication (Canada)

Marty, Bernard, Henri, 1941–

    Etes-vous né(e) sous une bonne étoile?

    (Collection Esotérisme)

    ISBN 2-89089-907-1

    1. Astrologie. I. Titre. II. Collection.

BF1708.2.M37 1993   133.5   C93-096665-1

LES ÉDITIONS QUEBECOR
une division de Groupe Quebecor inc.
7, chemin Bates
Bureau 100
Outremont (Québec)
H2V 1A6

© 1993, Les Éditions Quebecor,
Dépôt légal, 3e trimestre 1993

Bibliothèque nationale du Québec
Bibliothèque nationale du Canada
ISBN: 2-89089-907-1

Distribution: Québec Livres

Éditeur: Jacques Simard
Coordonnatrice à la production: Sylvie Archambault
Conception de la page couverture: Bernard Langlois
Révision et correction d'épreuves: Jocelyne Cormier

Infographie: Composition Monika, Québec

Impression: Imprimerie l'Éclaireur

Tous droits réservés. Aucune partie de ce livre ne peut être reproduite ou transmise sous aucune forme ou par quelque moyen électronique ou mécanique que ce soit, par photocopie, enregistrement ou par quelque forme d'entreposage d'information ou système de recouvrement, sans la permission écrite de l'éditeur.

BERNARD HENRI MARTY

ÊTES-VOUS NÉ(E) SOUS UNE BONNE ÉTOILE?

Les Éditions Québecor

*Je dédie ce livre à ma mère qui m'a donné le jour,
à mon épouse qui m'a accordé son soutien et
à tous ceux qui croient aux forces du destin.*

B.H.M.

Table des matières

Introduction

Les Chaldéens appelaient les planètes et les astéroïdes «Étoiles errantes» et considéraient la conjonction la plus proche avec les «Étoiles fixes» afin de pouvoir prédire la destinée du natif. Les étoiles qui se trouvaient aux points cardinaux de l'horoscope avaient une influence plus prépondérante que les autres étoiles, surtout quand elles avaient une conjonction étroite avec la Lune et le Soleil.

Il est surprenant de voir les résultats obtenus par le biais de cette méthode qui nous parvient de la nuit des temps.

Ce livre contient une grille pour localiser les aspects principaux du zodiaque «sans calculs». La méthode d'utilisation de cette grille est très simple. Vous n'avez qu'à prendre le 1er chiffre de la colonne de gauche et suivre la ligne horizontale: dans la première colonne, vous trouverez les chiffres qui représentent la possibilité de sextile, dans la deuxième, les possibilités de carré, dans la troisième, les possibilités de trigone et dans la dernière, la possibilité d'opposition (la méthode que je préconise est valable pour toute l'astrologie en général).

Vous trouverez aussi dans ce livre une grille pour établir la position de votre AS, votre MC et vos Maisons astrologiques; une grille pour établir la position moyenne de votre Soleil; une grille des principaux aspects du zodiaque (sans calculs).

S'y trouve également une grille de la distance parcourue par une étoile tous les ans dans une période de 1 siècle, et des exemples de thèmes de personnalités célèbres avec leurs étoiles fixes.

Ce livre contient des cartes du ciel totalement inédites et très fonctionnelles pour établir votre carte du ciel ou celle de vos amis.

Il comprend en outre des explications pour comprendre et interpréter facilement le sens de vos étoiles. Il vous donnera aussi la possibilité de voir à quel âge votre étoile a le plus de chances d'être active en fonction de son pourcentage d'actualisation.

Grâce à ce livre, vous saurez enfin si vous êtes né sous une bonne étoile (ceci est valable pour les associations en général, le mariage, la création dans tous les domaines, les affaires, la politique, etc.).

Ce livre s'adresse à toutes les personnes qui veulent soulever le voile du destin et qui s'intéressent à l'astrologie en général.

Il n'a pas la prétention d'être le guide d'un natif quelconque, mais il peut vous révéler bien des événements qui peuvent se produire et bien des traits de la personnalité.

Cet ouvrage est le seul qui répertorie 128 étoiles fixes avec leurs positions pour l'an 2000, les événements que chacune de ces 128 étoiles fixes favorisent, un sigle particulier pour chaque étoile fixe de manière à faciliter l'inscription des étoiles fixes sur une carte du ciel circulaire et ainsi rendre le repérage des étoiles fixes accessible à tout le monde sans distinction de langage.

Grâce à ce livre, vous serez en mesure de prévoir certains des événements qui peuvent arriver à toute personne qui suscite un intérêt à vos yeux. Pour ce faire, il faut avoir la date de naissance, le pays et l'heure exacte de manière à obtenir le maximum d'exactitude.

Si vous avez votre carte du ciel ou celle de la personne qui représente un intérêt quelconque à vos yeux, la marche à suivre sera très facile: vous n'aurez qu'à reporter les indications sur une des cartes vierges contenues dans ce livre pour construire et interpréter la carte du ciel par l'astrologie des étoiles.

Vous pouvez me croire, cette marche à suivre est très facile: pas de longs et ennuyeux calculs à faire et c'est, selon moi, un des grands avantages, sans parler de la pertinence des prédictions de l'astrologie par les étoiles.

Ce livre de l'astrologie par les étoiles n'a pas la prétention de mettre au rancart les autres formes d'astrologie. Cependant, il peut aider l'astrologue et faciliter sa démarche dans la prédiction des événements et lui permettre d'augmenter son pourcentage d'exactitude.

Ce livre est une adaptation et une mise à jour de l'enseignement de la tradition astrologique telle qu'elle était pratiquée dans des temps très anciens par les prêtres et astrologues (Chaldéens) de l'époque sumérienne environ 3 500 ans avant Jésus-Christ. Les Chaldéens représentaient l'élite de cette époque et ils étaient, de surcroît, très observateurs. Pour faire leurs prédictions, ils étaient installés sur leur ziggourat, ce qui leur permettait d'observer à loisir le ciel et les étoiles. Car, en ce temps-là, il n'y avait pas de télescope et les Chaldéens ne connaissaient pas l'existence des planètes. Celles-ci faisaient partie de l'ensemble des étoiles. Pour faire leurs prédictions, les Chaldéens prenaient comme base le Soleil, la Lune et les étoiles: c'était les seuls éléments qu'ils pouvaient observer à l'œil nu. Force est de constater que, malgré le peu d'information qu'ils avaient, les Chaldéens obtenaient des résultats que l'on trouverait très satisfaisants à notre époque.

La technologie moderne nous porte à nous éloigner de la vérité et à nous perdre dans des calculs plus ou moins fantaisistes sous prétexte de voir clair et de rendre l'astrologie plus scientifique qu'elle ne l'est en réalité. Il ne faut pas oublier que l'astrologie est avant tout un art divinatoire basé sur certaines observations scientifiques, mais non une science exacte comme le proclament certains astrologues.

L'astrologie des étoiles

Qui n'est pas intéressé à connaître son avenir? A priori, tout le monde désire savoir ce que le destin lui réserve en ce bas monde. Mais un problème se pose: où s'adresser et qui consulter?

La question ne se pose plus grâce à ce livre. Vous avez maintenant un outil très précieux pour entrevoir ce que le destin vous réserve par le biais de ses étoiles fixes. Malgré ce que peuvent penser certains sceptiques, on peut arriver à des résultats très surprenants — surtout si l'on a en main son propre thème de naissance —, positionner nos étoiles fixes, entrevoir et même voir si notre date de naissance est précise, avoir une idée de ce que le destin nous réserve et connaître les traits principaux de notre personnalité.

Voici, à titre d'information, quelques exemples qui vous donneront une idée de la probabilité qu'une autre personne puisse avoir dans son thème de naissance exactement les mêmes étoiles.

1. Je n'ai pas l'heure de naissance du natif. Dans ce cas, comme référence, je prends le Soleil pour établir les Maisons. Cela représente 1 chance sur 521 395 200.

2. J'ai l'heure de naissance du natif. Je peux donc établir le thème de naissance avec beaucoup plus de précision. Cela représente 1 chance sur 12 513 284 800 pour qu'il y ait un autre thème identique.

3. J'ai l'heure et la minute de naissance du natif. Je peux donc établir le thème avec encore plus de précision. Cela représente 1 chance sur 750 794 048 000 pour qu'il y ait une autre personne que vous avec un thème de naissance identique.

À la lumière de ces faits, on peut vraiment dire que chaque personne est unique en soi, et que même des jumeaux ont un destin différent, bien qu'ils puissent ressentir les épreuves ou les joies de l'autre en vivant très loin l'un de l'autre. Ils sont venus au monde dans un même lieu, mais l'espace dans le temps de naissance explique la différence.

MÉTHODE SIMPLE DE CALCUL POUR LOCALISER LE MC ET L'AS D'APRÈS LE SYSTÈME UTILISÉ PAR CLAUDE PTOLÉMÉE

Je prends d'abord mon heure de naissance. Je soustrais le nombre d'heures qui me séparent du midi qui suit ma naissance. Du résultat obtenu, je soustrais 24, qui représente le nombre d'heures écoulées entre le midi précédent et le midi suivant. Je multiplie le résultat obtenu par 15 (15 représente la distance angulaire du MC au-delà du Soleil. Cela représente approximativement le nombre de fois 15 degrés par heure écoulée depuis le midi précédant la naissance). Au résultat de la multiplication par 15, j'additionne la longitude du Soleil, ce qui me donne le degré d'entrée de la Maison X. Pour obtenir mon MC réel, j'ajoute 15 degrés (15 degrés représentent le centre de la Maison X, car les Maisons ont toutes une largeur de 30 degrés). Pour obtenir mon AS, j'ajoute 90, qui représente le carré, car le MC ou l'AS sont toujours au carré l'un de l'autre. Toutes les fois que mon total dépasse 360, je soustrais ce nombre du total pour me relocaliser dans le zodiaque.

Exemple: Pour une personne née le 13 juin 1941 à 9 heures (je ne m'occupe pas du lieu ou du pays, cela n'a aucune importance à mes yeux comme cela n'avait pas plus d'importance pour les anciens astrologues, car ils considéraient le natif comme le centre de son propre monde). D'après les éphémérides, le Soleil ce jour-là est à 22 degrés du signe des Gémeaux. Cela signifie en terme zodiacal qu'il est à 82 degrés du zodiaque. D'un coup d'œil, je vois que le nombre d'heures qui me séparent de l'heure de ma naissance (9 h) à midi est de 3 heures. Je fais donc la soustraction suivante: 24, qui représente l'espace de temps entre les 2 midis, moins 3 égale 21 (24 - 3 = 21).

14

GRILLE DES HEURES POUR FACILITER LE REPÉRAGE DU NOMBRE D'HEURES AVEC LE MIDI PRÉCÉDENT

Pour trouver le début de ma Maison X, mon MC et mon AS, je fais donc l'opération suivante.

21 x 15 = 315 + 82 = 397 - 360 = 37 + 15 = 52 + 90 = 142

37 représente le début de la Maison X à 7 degrés dans le Taureau

52 représente le MC réel à 22 degrés dans le Taureau

142 représente l'AS à 22 degrés dans le signe du Lion

HEURES	midi	heures
1	....	13
2	....	14
3	....	15
4	....	16
5	....	17
6	....	18
7	....	19
8	....	20
9	....	21
10	....	22
11	....	23
12	....	24

Exemple: Je suis né à 4 heures et je veux savoir combien d'heures me séparent du midi précédent. Ma grille m'indique le chiffre 16 (heures) vis-à-vis du chiffre 4 (heures). J'ai donc 16 heures qui me séparent du midi précédent.

Si je suis né à 16 heures, je fais le processus inverse.

Pour positionner mes Maisons, je considère le 7e degré du Lion qui représente le degré d'entrée de la Maison I, et ainsi de suite pour les autres Maisons.

Je préconise l'exemple ci-contre car il est très facile à comprendre et d'une simplicité exemplaire. Cette méthode respecte la tradition antique et j'obtiens, de surcroît, beaucoup plus de précision dans mes prédictions astrologiques. Il est aussi évident que par cette méthode, on ne se perd pas dans des calculs longs et fastidieux établis par des mathématiciens astrologues qui n'ont réussi, en fait, qu'à égarer bien des astrologues et leur a fait perdre le sens cosmique de l'astrologie. Ils ont, selon moi, voulu en faire une science exacte au détriment de l'art, car l'astrologie est avant tout un art divinatoire qui prend comme support les astres, les signes

Exemple

Maison I	Maison II	Maison III	Maison IV
7 du Lion	7 de la Vierge	7 de la Balance	7 du Scorpion
Maison V	Maison VI	Maison VII	Maison VIII
7 du Sagittaire	7 du Capricorne	7 du Verseau	7 des Poissons
Maison IX	Maison X	Maison XI	Maison XII
7 du Bélier	7 du Taureau	7 des Gémeaux	7 du Cancer

et le zodiaque pour bâtir le thème d'un natif. Cela va permettre à l'astrologue de cerner la personnalité du natif et lui prédire son avenir à la lumière de la tradition.

Pour les personnes qui n'ont pas les éphémérides, j'indique ci-dessous une méthode facile et sûre de trouver la position du Soleil le jour de la naissance.

Pour ce faire, je compte d'abord le nombre de jours qu'il y a entre le début de mon signe et le jour de ma naissance. Ensuite, je multiplie par 0.58, qui représente le pas journalier moyen du Soleil. Je divise enfin par 60 le résultat obtenu pour revenir en degrés du zodiaque.

Exemple: Pour moi qui suis née le 13 juin 1941, je fais l'opération suivante: du 21 mai, date d'entrée dans le signe des Gémeaux, au 13 juin, ma date de naissance, il y a 23 jours d'écoulés. Je fais donc l'opération suivante 23 x 0.58 ÷ 60 = 0.22.

Cela veut dire que le 13 juin, j'ai le Soleil à 22 degrés des Gémeaux.

GRILLE POUR ÉTABLIR LA POSITION DE VOS MAISONS, VOTRE MC ET VOTRE AS PAR UNE MÉTHODE SIMPLE ET FACILE

(Avec cette méthode, il n'est pas nécessaire de tenir compte du décalage horaire et des hémisphères, car le natif est le centre de son propre monde.)

H de naissance	opérations à faire			
1..................	13 x 15 = 195 + Soleil = Maison 10	+ 15 = MC	+ 90 = AS	
2..................	14 x 15 = 210 + ... = ...	+ 15 = ...	+ 90 =	
3..................	15 x 15 = 225 + ... = ...	+ 15 = ...	+ 90 =	
4..................	16 x 15 = 240 + ... = ...	+ 15 = ...	+ 90 =	
5..................	17 x 15 = 255 + ... = ...	+ 15 = ...	+ 90 =	
6..................	18 x 15 = 270 + ... = ...	+ 15 = ...	+ 90 =	
7..................	19 x 15 = 285 + ... = ...	+ 15 = ...	+ 90 =	
8..................	20 x 15 = 300 + ... = ...	+ 15 = ...	+ 90 =	
9..................	21 x 15 = 315 + ... = ...	+ 15 = ...	+ 90 =	
10..................	22 x 15 = 330 + ... = ...	+ 15 = ...	+ 90 =	
11..................	23 x 15 = 345 + ... = ...	+ 15 = ...	+ 90 =	
12..................	24 x 15 = 360 + ... = ...	+ 15 = ...	+ 90 =	
13..................	1 x 15 = 15 + ... = ...	+ 15 = ...	+ 90 =	
14..................	2 x 15 = 30 + ... = ...	+ 15 = ...	+ 90 =	
15..................	3 x 15 = 45 + ... = ...	+ 15 = ...	+ 90 =	
16..................	4 x 15 = 60 + ... = ...	+ 15 = ...	+ 90 =	
17..................	5 x 15 = 75 + ... = ...	+ 15 = ...	+ 90 =	
18..................	6 x 15 = 90 + ... = ...	+ 15 = ...	+ 90 =	
19..................	7 x 15 = 105 + ... = ...	+ 15 = ...	+ 90 =	
20..................	8 x 15 = 120 + ... = ...	+ 15 = ...	+ 90 =	
21..................	9 x 15 = 135 + ... = ...	+ 15 = ...	+ 90 =	
22..................	10 x 15 = 150 + ... = ...	+ 15 = ...	+ 90 =	
23..................	11 x 15 = 165 + ... = ...	+ 15 = ...	+ 90 =	
24..................	12 x 15 = 180 + ... = ...	+ 15 = ...	+ 90 =	

En astrologie, toutes les fois qu'une opération dépasse 360, on doit soustraire 360 pour se replacer dans le zodiaque.

Exemple: Je suis né avec la position de mon Soleil à 22 degrés dans le signe des Gémeaux (pour me replacer dans le zodiaque, je prends le degré d'entrée des Gémeaux dans le zodiaque qui est 60 degrés, j'y ajoute 22, qui représente la position du Soleil dans les Gémeaux, ce qui me donne la position de mon Soleil à 82 degrés dans le zodiaque).

Donc je prends la position de mon Soleil qui est à 82 degrés du zodiaque et je l'ajoute dans l'espace réservé à cette fin dans la grille que je préconise pour positionner les maisons, établir le MC et l'AS.

Pour une personne née à 11 heures, je fais l'opération suivante.

D'après ma grille, 11 heures est représenté par 23 x 15 = 345 + Soleil (82) = 427. Pour revenir dans le zodiaque, je soustrais 360 de 427, ce qui donne 67, qui représente le degré d'entrée de ma maison X et de toutes les autres. Pour trouver mon MC, j'ajoute 15 à 67, ce qui donne 82. Pour trouver mon AS, j'ajoute 90, ce qui donne 172. D'un coup d'oeil, je constate que j'ai mon Soleil qui forme une conjonction étroite avec mon MC (quand on a une position semblable, on considère l'étoile la plus proche comme maîtresse de l'horoscope. Pour ce cas-ci, l'étoile la plus proche est Capella).

GRILLE POUR ÉTABLIR SANS CALCULS LA POSITION MOYENNE DU SOLEIL

jours	degrés	jours	degrés	jours	degrés	jours	degrés
1	0.30	9	8.30	17	16.00	25	24.50
2	1.30	10	9.30	18	17.00	26	27.00
3	2.30	11	10.30	19	18.00	27	27.40
4	3.30	12	11.00	20	19.00	28	28.50
5	4.30	13	12.00	21	20.00	29	29.10
6	5.30	14	13.00	22	21.00	30	29.20
7	6.30	15	14.00	23	22.30	31	29.30
8	7.30	16	15.00	24	23.40	32	29.50

Je vous indique ci-après le degré d'entrée et de sortie des signes dans notre calendrier.

Toutefois, je vous conseille de prendre les éphémérides pour avoir la position exacte des signes, ce qui vous permettra d'avoir la position exacte de vos significateurs (Soleil, Lune, Mercure, Vénus, Mars, Jupiter, Saturne, Uranus, Neptune, Pluton, Noeud Nord), sans avoir à faire des calculs longs et fastidieux. Il est évident que cela représente un investissement relativement important, mais selon moi, c'est un bon placement car vous pourrez suivre le cheminement de vos significateurs.

Il est très important que je souligne une lacune de l'astrologie que les modernes pratiquent avec le support des tables des Maisons qui ont été établies d'après le système Placidius

Bélier	Taureau	Gémeaux	Cancer
♈	♉	♊	♋
21 mars - 20 avril	21 avril - 20 mai	21 mai - 21 juin	22 juin - 22 juil.
Lion	Vierge	Balance	Scorpion
♌	♍	♎	♏
23 juil. - 22 août	23 août - 22 sept.	23 sept. - 22 oct.	23 oct. - 21 nov.
Sagittaire	Capricorne	Verseau	Poissons
♐	♑	♒	♓
22 nov. - 20 déc.	21 déc. - 19 janv.	20 janv. - 18 fév.	19 fév. - 20 mars

(mathématicien astrologue du 17e siècle qui a établi la grille mère des tables des Maisons). Si vous êtes en mesure d'avoir en main un tel livre, vous pourrez constater que les tables s'arrêtent au 66e degré de latitude nord ou sud. Cela signifie que si vous êtes né au-delà de cette limite, il vous est impossible, d'après ces tables, d'avoir votre carte du ciel puisqu'on ne peut pas établir vos Maisons astrologiques.

Par la méthode antique, on peut établir une carte du ciel pour toutes les personnes vivant sur notre terre, car le natif est le centre de son propre monde et les astres gravitent autour de lui, peu importe où il est né.

Voici quelques localités où on ne peut pas faire établir sa carte du ciel d'après le système Placidius.

Russie	Norvège	Canada
Mourmansk 370 000 h.	Hammer fest 7 000 h.	Resolute
Vorkouta 96 000 h.		Riendeer
Norilsk 184 000 h.	Alaska	Tuktoyaktuk
Tiksi	....	Aklavik
Amderna	Fort-Yukon	Bathurst Inlet
Doubdinka	Barrow	Coppermine
Verkhoiansk		
Narian-Mar	Groënland	Islande
Salekhard	....	....
Novyi-Port	Dundas	Akureyri 12 600 h.
Ourengoi	Upernavik	Husavik
Dikson	Umanak	Siglufjordur
Katanga	Godhavn	Isafjordur

19

L'astrologie ne tient compte que des aspects, qui sont les écarts angulaires qui séparent les astres, et non (contrairement à ce que croient certains astrologues qui ne se servent que des tables plus ou moins scientifiques mises au point par des mathématiciens en mal d'astrologie, et qui ont réussi à faire perdre le sens réel de l'astrologie en voulant donner à cet art un sens scientifique au détriment de l'art divinatoire qu'elle est en réalité) des positions réelles des astres.

L'astrologie n'a de commun avec l'astronomie que la dénomination de certains astres et c'est tout.

L'astrologie, par contre, se rapproche beaucoup plus de la statistique, car les effets produits par les astres sur l'être humain nous ont été communiqués par la tradition depuis plusieurs millénaires.

Ne jamais oublier que l'astrologie est et demeure un art divinatoire.

MÉTHODE DE CALCUL POUR TROUVER LA POSITION D'UNE ÉTOILE À N'IMPORTE QUEL ÂGE DE MA VIE PASSÉE ET À VENIR

Exemple: Je veux savoir à quelle position va se trouver mon étoile à l'âge de 45 ans. 45 x 0.50 divisé par 60 = 0.37, distance parcourue par une étoile en 45 ans.

Si, à ma naissance, j'ai mon étoile à 82.38, à l'âge de 45 ans elle sera à 82.38 + 0.37 = 83.15. Normalement mon opération aurait dû me donner 82.75, mais il s'agit ici de degrés astrologiques et 1 degré a la valeur de 60 minutes. Donc chaque fois que je dépasse le chiffre 60, je me positionne au degré supérieur, et la fraction qui dépasse 60 représente les minutes qui suivent mon degré «83 degrés 15 minutes».

Pour trouver le pourcentage d'actualisation d'une étoile, je préconise l'opération suivante.

Je prends la position de mon étoile le jour de ma naissance et je la soustrais de la position de mon significateur.

Exemple: J'ai mon étoile à 55.26 et mon MC à 55.13. Pour obtenir mon degré d'écart, je fais la soustraction suivante: 55.26 - 55.13 = 0.13.

D'après le graphique que vous avez dans ce livre, 0.13 représente 74% d'actualisation. Comme mon étoile a son degré supérieur au significateur, je lui donne le sigle +, ce qui veut dire qu'elle est plus loin que son significateur. En termes clairs, elle s'éloigne et de ce fait, elle est à + 0.13.

Pour trouver mon pourcentage d'actualisation à l'âge de 45 ans, je fais l'opération suivante: 0.37, qui est la distance parcourue par mon étoile en 45 ans, + 0.13, qui représente l'écart avec son significateur.

0.37 + 0.13 = + 0.50 (d'après le graphique que vous avez dans ce livre, 0.50 représente 20 % d'actualisation).

Voici un autre exemple avec le sigle -. J'ai mon étoile à 54.27 et mon MC à 55.13. Cela fait 55.13 - 54.27 = - 0.46 (d'après le graphique, 0.46 représente 24 % d'actualisation).

Pour trouver mon % d'actualisation à l'âge de 45 ans, je fais l'opération suivante: 0.46 - 0.37 = - 0.09 (d'après le graphique, 0.09 représente 82 % d'actualisation).

Il est très important de considérer le fait suivant. Quand une étoile a le sigle +, on ajoute les degrés d'écart et quand elle a le sigle -, on soustrait les degrés d'écart.

Une étoile avec le sigle + s'éloigne de la destinée du natif; par contre, une étoile avec le sigle - se rapproche de la destinée du natif.

Voici une méthode simple pour calculer les minutes d'écart entre les étoiles et leurs significateurs (il faut se souvenir que cela prend 60 min pour faire 1 degré). Pour trouver l'écart entre 54.27 et 55.13: 54.27 + 33 = 55 + 13 = 55.13.

Je prends la fraction 33 + la fraction 13 (33 + 13 = 46). Comme je n'ai pas atteint 60, cela signifie que mon écart est de 0 degré 46 minutes.

DISTANCE PARCOURUE PAR UNE ÉTOILE FIXE
ANNÉE PAR ANNÉE EN 1 SIÈCLE

années	degr/min	années	degr/min	années	degr/min
1	0.00	34	0.28	67	0.56
2	0.01	35	0.29	68	0.57
3	0.02	36	0.30	69	0.57
4	0.03	37	0.30	70	0.58
5	0.04	38	0.31	71	0.59
6	0.05	39	0.32	72	1.00
7	0.06	40	0.33	73	1.01
8	0.07	41	0.34	74	1.02
9	0.08	42	0.35	75	1.03
10	0.08	43	0.36	76	1.04
11	0.09	44	0.37	77	1.05
12	0.10	45	0.37	78	1.06
13	0.11	46	0.38	79	1.07
14	0.11	47	0.39	80	1.07
15	0.12	48	0.40	81	1.08
16	0.13	49	0.41	82	1.09
17	0.14	50	0.41	83	1.10
18	0.15	51	0.42	84	1.11
19	0.16	52	0.43	85	1.11
20	0.16	53	0.44	86	1.12
21	0.17	54	0.45	87	1.13
22	0.18	55	0.45	88	1.13
23	0.19	56	0.46	89	1.14
24	0.20	57	0.47	90	1.15
25	0.20	58	0.48	91	1.16
26	0.21	59	0.49	92	1.17
27	0.22	60	0.50	93	1.17
28	0.23	61	0.51	94	1.18
29	0.24	62	0.52	95	1.19
30	0.25	63	0.52	96	1.20
31	0.26	64	0.53	97	1.21
32	0.26	65	0.54	98	1.21
33	0.27	66	0.55	99	1.22

En 1 siècle, une étoile fixe a parcouru 1 degré 23 minutes (1.23).

MÉTHODE POUR TROUVER LES ÂGES OÙ L'ÉTOILE EXERCE LE MAXIMUM DE SON INFLUENCE

Pour ce faire, je me base, pour mon départ, sur la position de mon étoile en maison et j'ajoute 12, le cycle des 12 Maisons du zodiaque.

Exemple: J'ai mon étoile en maison III. Cela veut dire que mon cycle débute à l'âge de 3 ans. Pour trouver les âges suivants, j'ajoute 12 chaque fois que je désire avancer dans le temps, ce qui donne le résultat suivant: (3.15.27.39.51. 63.75.89.99). Et si j'ai mon étoile dans la maison VII, j'obtiens le résultat suivant (7.19.31.43.55.67.79.91).

Il est possible que l'événement annoncé par l'étoile ne se produise pas exactement à l'âge donné par cette méthode, mais il est rare qu'il ne se produise pas 1 an avant ou 1 an après, et cela toujours en fonction du % d'actualisation. Par exemple, si une étoile a 20 % de chance d'actualisation, elle agira moins qu'une étoile qui a 90 % de chance d'actualisation. Il est très rare qu'un des événements que l'étoile favorise ne se produise pas en fonction du % quand elle est à 90 % et plus.

MARCHE À SUIVRE POUR CALCULER LES ASPECTS DU ZODIAQUE

1. J'ai ma carte du ciel devant moi et je désire trouver quels sont les aspects qui affectent ou favorisent l'étoile Agena à 232.58. Comme on peut accepter 2 degrés d'orbe d'écart pour les aspects majeurs, je simplifie l'opération en considérant le chiffre supérieur, qui est 233.

Pour le sextile, j'ajoute ou je soustrais 60 degrés de 233, ce qui me donne les résultats suivants.

233 - 60 = 173. Ce qui me donne une possibilité de sextile dans le signe de la Vierge sur les degrés 172/173/174.

Pour le carré, j'ajoute ou je soustrais 980 degrés de 233, ce qui me donne 233 + 90 = 323 et une possibilité de carré dans le signe du Verseau sur les degrés 321/322/323/324/325.

233 - 90 = 143. J'ai une possibilité de carré dans le signe du Lion sur les degrés 141/142/143/144/145.

Pour le trigone, j'ajoute ou je soustrais 120 degrés de 233, ce qui me donne 233 + 120 = 353, et une possibilité de trigone dans le signe des Poissons sur les degrés 351/352/353/354/355.

233 - 120 = 113. J'ai une possibilité de trigone dans le signe du Cancer sur les degrés 111/112/113/114/115.

Pour l'opposition, j'ajoute ou je soustrais 180 degrés de 233, ce qui me donne 233 + 180 = 413 - 360 = 53 (je soustrais 360 pour repositionner l'étoile dans le zodiaque), ce qui fait que j'ai une possibilité d'opposition dans le signe du Taureau sur les degrés 51/52/53/54/55.

233 - 180 = 53, ce qui me confirme ma possibilité d'opposition dans le signe du Taureau.

J'aimerais attirer votre attention sur le fait suivant. Comme une hirondelle ne fait pas le printemps, une étoile, elle aussi, ne fait pas le destin. Je veux dire par là que ce n'est pas une étoile seule qui va orienter votre destin dans un sens ou dans l'autre, mais ce sera la combinaison des étoiles avec les significateurs, les aspects bénéfiques ou maléfiques, la répétition des événements et surtout le pourcentage d'actualisation. Il est aussi important de noter que, quand vous avez des indications de réussite, d'honneurs, de richesse ou autres, vous aurez vraisemblablement ses bienfaits, mais ce sera très probablement lié au milieu où vous vivez. Je veux dire par là que, pour une personne qui vit dans un environnement et une société, bien déterminer la réussite, la richesse et les honneurs sont en relation avec le milieu dans lequel elle vit. Exemple: Un Indien d'Amazonie n'a pas la même conception de la réussite qu'un Nord-Américain et pourtant, il est très possible qu'il ait dans son thème de naissance une ou des étoiles qui indiquent la réussite, la richesse et les honneurs. C'est-à-dire qu'on peut être pauvre en étant riche parmi les pauvres et être riche en étant pauvre parmi les riches.

GRILLE POUR FACILITER LE REPÉRAGE DE VOS ASPECTS ASTROLOGIQUES

DEGRÉS ✳	☐	△	⌀°	DEGRÉS ✳	☐	△	⌀°
1	61/301	91/271	121/241	181	47	107/347	137/317	167/287	227
2	62/302	92/272	122/242	182	48	108/348	138/318	168/288	228
3	63/303	93/273	123/243	183	49	109/349	139/319	169/289	229
4	64/304	94/274	124/244	184	50	110/350	140/320	170/290	230
5	65/305	95/275	125/245	185	51	111/351	141/321	171/291	231
6	66/306	96/276	126/246	186	52	112/352	142/322	172/292	232
7	67/307	97/277	127/247	187	53	113/353	143/323	173/293	233
8	68/308	98/278	128/248	188	54	114/354	144/323	174/294	234
9	69/309	99/279	129/249	189	55	115/355	145/325	175/295	235
10	70/310	100/280	130/250	190	56	116/356	146/326	176/296	236
11	71/311	101/281	131/251	191	57	117/357	147/327	177/297	237
12	72/312	102/282	132/252	192	58	118/358	148/328	178/298	238
13	73/313	103/283	133/253	193	59	119/359	149/329	179/299	239
14	74/314	104/284	134/254	194	60	120/360	150/330	180/300	240
15	75/315	105/285	135/255	195	61	121/1	151/331	181/301	241
16	76/316	106/286	136/256	196	62	122/2	152/332	182/302	242
17	77/317	107/287	137/257	197	63	123/3	153/333	183/303	243
18	78/318	108/288	138/258	198	64	124/4	154/334	184/304	244
19	79/319	109/289	139/259	199	65	125/5	155/335	185/305	245
20	80/320	110/290	140/260	200	66	126/6	156/336	186/306	246
21	81/321	111/291	141/261	201	67	127/7	157/337	187/307	247
22	82/322	112/292	142/262	202	68	128/8	158/338	188/308	248
23	83/323	113/293	143/263	203	69	129/9	159/339	189/309	249
24	84/324	114/294	144/264	204	70	130/10	160/340	190/310	250
25	85/325	115/295	145/265	205	71	131/11	161/341	191/311	251
26	86/326	116/296	146/266	206	72	132/12	162/342	192/312	252
27	87/327	117/297	147/267	207	73	133/13	163/343	193/313	253
28	88/328	118/298	148/268	208	74	134/14	164/344	194/314	254
29	89/329	119/299	149/269	209	75	135/15	165/345	195/315	255
30	90/330	120/300	150/270	210	76	136/16	166/346	196/316	256
31	91/331	121/301	151/271	211	77	137/17	167/347	197/317	257
32	92/332	122/302	152/272	212	78	138/18	168/348	198/318	258
33	93/333	123/303	153/273	213	79	139/19	169/349	199/319	259
34	94/334	124/304	154/274	214	80	140/20	170/350	200/320	260
35	95/335	125/305	155/275	215	81	141/21	171/351	201/321	261
36	96/336	126/306	156/276	216	82	142/22	172/352	202/322	262
37	97/337	127/307	157/277	217	83	143/23	173/353	203/323	263
38	98/338	128/308	158/278	218	84	144/24	174/354	204/324	264
39	99/339	129/309	159/279	219	85	145/25	175/355	205/325	265
40	100/340	130/310	160/280	220	86	146/26	176/356	206/326	266
41	101/341	131/311	161/281	221	87	147/27	177/357	207/327	267
42	102/342	132/312	162/282	222	88	148/28	178/358	208/328	268
43	103/343	133/313	163/283	223	89	149/29	179/359	209/329	269
44	104/344	134/314	164/284	224	90	150/30	180/360	210/330	270
45	105/345	135/315	165/285	225	91	151/31	181/1	211/331	271
46	106/346	136/316	166/286	226	92	152/32	182/2	212/332	272

✳ sextile   ☐ carré   △ trigone   ⌀° opposition

DEGRÉS	✻	□	△	☌	DEGRÉS	✻	□	△	☌
93	153/33	183/3	213/333	273	143	203/83	233/53	263/23	323
94	154/34	184/4	214/334	274	144	204/84	234/54	264/24	324
95	155/35	185/5	215/335	275	145	205/85	235/55	265/25	325
96	156/36	186/6	216/336	276	146	206/86	236/56	266/26	326
97	157/37	187/7	217/337	277	147	207/87	237/57	267/27	327
98	158/38	188/8	218/338	278	148	208/88	238/58	268/28	328
99	159/39	189/9	219/339	279	149	209/89	239/59	269/29	329
100	160/40	190/10	220/340	280	150	210/90	240/60	270/30	330
101	161/41	191/11	221/341	281	151	211/91	241/61	271/31	331
102	162/42	192/12	222/342	282	152	212/92	242/62	272/32	332
103	163/43	193/13	223/343	283	153	213/93	243/63	273/33	333
104	164/44	194/14	224/344	284	154	214/94	244/64	274/34	334
105	165/45	195/15	225/345	285	155	215/95	245/65	275/35	335
106	166/46	196/16	226/346	286	156	216/96	246/66	276/36	336
107	167/47	197/17	227/347	287	157	217/97	247/67	277/37	337
108	168/48	198/18	228/348	288	158	218/98	248/68	278/38	338
109	169/49	199/19	229/349	289	159	219/99	249/69	279/39	339
110	170/50	200/20	230/350	290	160	220/100	250/70	280/40	340
111	171/51	202/21	231/351	291	161	221/101	251/71	281/41	341
112	172/52	202/22	232/352	292	162	222/102	252/72	282/42	342
113	173/53	203/23	233/353	293	163	223/103	253/73	283/43	343
114	174/54	204/24	234/354	294	164	224/104	254/74	284/44	344
115	175/55	205/25	235/355	295	165	225/105	255/75	285/45	345
116	176/56	206/26	236/356	296	166	226/106	256/76	286/46	346
117	177/57	207/27	237/357	297	167	227/107	257/77	287/47	347
118	178/58	208/28	238/358	298	168	228/108	258/78	288/48	348
119	179/59	209/29	239/359	299	169	229/109	259/79	289/49	349
120	180/60	210/30	240/360	300	170	230/110	260/80	290/50	350
121	181/61	211/31	241/1	301	171	231/111	261/81	291/51	351
122	182/62	212/32	242/2	302	172	232/112	262/82	292/52	352
123	183/63	213/33	243/3	303	173	233/113	263/83	293/53	353
124	184/64	214/34	244/4	304	174	234/114	264/84	294/54	354
125	185/65	215/35	245/5	305	175	235/115	265/85	295/55	355
126	186/66	216/36	246/6	306	176	236/116	266/86	296/56	356
127	187/67	217/37	247/7	307	177	237/117	267/87	297/57	357
128	188/68	218/38	248/8	308	178	238/118	268/88	298/58	358
129	189/69	219/39	249/9	309	179	239/119	269/89	299/59	359
130	190/70	220/40	250/10	310	180	240/120	270/90	300/60	360
131	191/71	221/41	251/11	311	181	241/121	271/91	301/60	1
132	192/72	222/42	252/12	312	182	242/122	272/92	302/62	2
133	193/73	223/43	253/13	313	183	243/123	273/93	303/63	3
134	194/74	224/44	254/14	314	184	244/124	274/94	304/64	4
135	195/75	225/45	255/15	315	185	245/125	275/95	305/65	5
136	196/76	226/46	256/16	316	186	246/126	276/96	306/66	6
137	197/77	227/47	257/17	317	187	247/127	277/97	307/67	7
138	198/78	228/48	258/18	318	188	248/128	278/98	308/68	8
139	199/79	229/49	259/19	319	189	249/129	279/99	309/69	9
140	200/80	230/50	260/20	320	190	250/130	280/100	310/70	10
141	201/81	231/51	261/21	321	191	251/131	281/101	311/71	11
142	202/82	232/52	262/22	322	192	252/132	282/102	312/72	12
DEGRÉS	✻	□	△	☌	DEGRÉS	✻	□	△	☌

DEGRÉS	✳	☐	△	✑	DEGRÉS	✳	☐	△	✑
193	253/133	283/103	313/73	13	244	304/184	334/154	4/124	64
194	254/134	284/104	314/74	14	245	305/185	335/155	5/125	65
195	255/135	285/105	315/75	15	246	306/186	336/156	6/126	66
196	256/136	286/106	316/76	16	247	307/187	337/157	7/127	67
197	257/137	287/107	317/77	17	248	308/188	338/158	8/128	68
198	258/138	288/108	318/78	18	249	309/189	339/159	9/129	69
199	259/139	289/109	319/79	19	250	310/190	340/160	10/130	70
200	260/140	290/110	320/80	20	251	311/191	341/161	11/131	71
201	261/141	291/111	321/81	1	252	312/192	342/162	12/132	72
202	262/142	292/112	322/82	2	253	313/193	343/163	13/133	73
203	263/143	293/113	323/83	3	254	314/194	344/164	14/134	74
204	264/144	294/114	324/84	4	255	315/195	345/165	15/135	75
205	265/145	295/115	325/85	5	256	316/196	346/166	16/136	76
206	266/146	296/116	326/86	6	257	317/197	347/167	17/137	77
207	267/147	297/117	327/87	7	258	318/198	348/168	18/138	78
208	268/148	298/118	328/88	8	259	319/199	349/169	19/139	79
209	269/149	299/119	329/89	9	260	320/200	350/170	20/140	80
210	270/150	300/120	330/90	10	261	321/201	351/171	21/141	81
211	271/151	301/121	331/91	11	262	322/202	352/172	22/142	82
212	272/152	302/122	332/92	12	263	323/203	353/173	23/143	83
213	273/153	303/123	333/93	13	264	324/204	354/174	24/144	84
214	274/154	304/124	334/94	14	265	325/205	355/175	25/145	85
215	275/155	305/125	335/95	15	266	326/206	356/176	26/146	86
216	276/156	306/126	336/96	16	267	327/207	357/177	27/147	87
217	277/157	307/127	337/97	17	268	328/208	358/178	28/148	88
218	278/158	308/128	338/98	18	269	329/209	359/179	29/149	89
219	279/159	309/129	339/99	19	270	330/210	360/180	30/150	90
220	280/160	310/130	340/100	20	271	331/211	1/181	31/151	91
221	281/161	311/131	341/101	41	272	332/212	2/182	32/152	92
222	282/162	312/132	342/102	42	273	333/213	3/183	33/153	93
223	283/163	313/133	343/103	43	274	334/214	4/184	34/154	94
224	284/164	314/134	344/104	44	275	335/215	5/185	35/155	95
225	285/165	315/135	345/105	45	276	336/216	6/186	36/156	96
226	286/166	316/136	346/106	46	277	337/217	7/187	37/157	97
227	287/167	317/137	347/107	47	278	338/218	8/188	38/158	98
228	288/168	318/138	348/108	48	279	339/219	9/189	39/159	99
229	289/169	319/139	349/109	49	280	340/220	10/190	40/160	100
230	290/170	320/140	350/110	50	281	341/221	11/191	41/161	101
231	291/171	321/141	351/111	51	282	342/222	12/192	42/162	102
232	292/172	322/142	352/112	52	283	343/223	13/193	43/163	103
233	293/173	323/143	353/113	53	284	344/224	14/194	44/164	104
234	294/174	324/144	354/114	54	285	345/225	15/195	45/165	105
235	295/175	325/145	355/115	55	286	346/226	16/196	46/166	106
236	296/176	326/146	356/116	56	287	347/227	17/197	47/167	107
237	297/177	327/147	357/117	57	288	348/228	18/198	48/168	108
238	298/178	328/148	358/118	58	289	349/229	19/199	49/169	109
239	299/179	329/149	359/119	59	290	350/230	20/200	50/170	110
240	300/180	330/150	360/120	60	291	351/231	21/201	51/171	111
241	301/181	331/151	1/121	61	292	352/232	22/202	52/172	112
242	302/182	332/152	2/122	62	293	353/233	23/203	53/173	113
243	303/183	333/153	3/123	63	294	354/234	24/204	54/174	114

DEGRÉS	✳	☐	△	✑	DEGRÉS	✳	☐	△	✑

DEGRÉS	✳	□	△	⚬	DEGRÉS	✳	□	△	⚬
295	355/235	25/205	55/175	115	328	28/268	58/238	88/208	148
296	356/236	26/206	56/176	116	329	29/269	59/239	89/209	149
297	357/237	27/207	57/177	117	330	30/270	60/240	90/210	150
298	358/238	28/208	58/178	118	331	31/271	61/241	91/211	151
299	359/239	29/209	59/179	119	332	32/272	62/242	92/212	152
300	360/240	30/210	60/180	120	333	33/273	63/243	93/213	153
301	1/241	31/211	61/181	121	334	34/274	64/244	94/214	154
302	2/242	32/212	62/182	122	335	35/275	65/245	95/215	155
303	3/243	33/213	63/183	123	336	36/276	66/246	96/216	156
304	4/244	34/214	64/184	124	337	37/277	67/247	97/217	157
305	5/245	35/215	65/185	125	338	38/278	68/248	98/218	158
306	6/246	36/216	66/186	126	339	39/279	69/249	99/219	159
307	7/247	37/217	67/187	127	340	40/280	70/250	100/220	160
308	8/248	38/218	68/188	128	341	41/281	71/251	101/221	161
309	9/249	39/219	69/189	129	342	42/282	72/252	102/222	162
310	10/250	40/220	70/190	130	343	43/283	73/253	103/223	163
311	11/251	41/221	71/191	131	344	44/284	74/254	104/224	164
312	12/252	42/222	72/192	132	345	45/285	75/255	105/225	165
313	13/253	43/223	73/193	133	346	46/286	76/256	106/226	166
314	14/254	44/224	74/194	134	347	47/287	77/257	107/227	167
315	15/255	45/225	75/195	135	348	48/288	78/258	108/228	168
316	16/256	46/226	76/196	136	349	49/289	79/259	109/229	169
317	17/257	47/227	77/197	137	350	50/290	80/260	110/230	170
318	18/258	48/228	78/198	138	351	51/291	81/261	111/231	171
319	19/259	49/229	79/199	139	322	52/292	82/262	112/232	172
320	20/260	50/230	80/200	140	353	53/293	83/263	113/232	173
321	21/261	51/231	81/201	141	354	54/294	84/264	114/234	174
322	22/262	52/232	82/202	142	355	55/295	85/265	115/235	175
323	23/263	53/233	83/203	143	356	56/296	86/266	116/236	176
324	24/264	54/234	84/204	144	357	57/297	87/267	117/237	177
325	25/265	55/235	85/205	145	358	58/298	88/268	118/238	178
326	26/266	56/236	86/206	146	359	59/299	89/269	119/239	179
327	27/267	57/237	87/207	147	360	60/300	90/270	120/240	180

DEGRÉS	✳	□	△	⚬	DEGRÉS	✳	□	△	⚬

MARCHE À SUIVRE POUR
L'INTERPRÉTATION DE VOTRE THÈME

Pour la majorité des astrologues, la première difficulté est de faire la synthèse et l'interprétation de la carte du ciel. Il est évident que pour un néophyte, la chose est encore plus difficile et peut même paraître impossible.

Avec l'astrologie des étoiles, c'est plus facile car l'étoile qui est en conjonction avec un ou des significateurs va aller dans le sens des aphorismes de l'étoile qui peuvent être positifs, négatifs ou neutres en fonction de la nature des aspects de l'étoile avec les significateurs de l'horoscope. Pour compléter mon interprétation, je prends le sens de la Maison qui peut être positive ou négative, selon les aspects qu'elle a avec les autres significateurs de l'horoscope. En dernier lieu, on doit toujours tenir compte du sens du significateur et de la description, que vous trouverez dans ce livre.

Pour faciliter votre compréhension, voici quelques exemples.

1. J'ai ma carte du ciel devant moi et je désire trouver quelle est la signification et l'interprétation que je dois faire en considérant que j'ai Agena à 232.58 en conjonction avec la Maison IV et Chiron, un sextile Maison II, un trigone Vesta et Maison VIII.

Interprétation: à la lumière de ces faits, je suis en mesure de prédire que le natif ne sera vraisemblablement pas dans le besoin et pourra même obtenir des biens assez considérables dans la deuxième partie de sa vie par le biais d'un héritage ou d'un gain subit. Je peux prédire aussi que le natif aura une vieillesse confortable et à l'abri du besoin. Pour arriver à cette conclusion, je me suis servi du sens des étoiles et des significateurs en considérant le côté positif, car les aspects sont positifs ainsi que la carte du ciel du natif.

Les aspects négatifs actualisent le sens négatif de l'étoile et de ses significateurs.

Si vous désirez aller plus en profondeur dans l'interprétation de vos aspects, je vous conseille quelques ouvrages qui peuvent vous aider: *Interprétation des aspects en astrologie*, Dervy-Livres; *Prévision direction et transits*, Dervy-Livres; *Guide d'interprétation astrologique*, Albin Michel.

Un conseil important pour l'interprétation de votre carte du ciel: vous devez être le plus simple possible et interpréter en fonction de votre sensation et de vos vibrations personnelles.

On doit éviter des calculs trop fastidieux qui peuvent vous décourager et vous faire perdre les notions de la réalité.

Si vous gardez ces notions de base, je peux vous prédire sans trop me compromettre que vous obtiendrez des résultats spectaculaires par le biais de l'astrologie des étoiles.

Cette méthode peut paraître simpliste pour la plupart des astrologues et si tel est le cas, mon but est atteint. En effet, j'ai voulu volontairement simplifier le calcul et l'interprétation d'une carte du ciel de façon à la rendre accessible à tout le monde et je suis persuadé que vous serez agréablement surpris des résultats et de l'engouement que ce livre va susciter dans votre entourage.

Les significateurs et leurs influences

La Lune

Le natif influencé par la Lune sera très probablement d'un naturel poétique et rêveur. Il aura de fortes tendances à être excentrique et à faire preuve de mollesse face aux événements qui perturbent sa vie, et cela surtout quand le luminaire reçoit des mauvais aspects d'un ou de plusieurs autres significateurs. Sur le plan de la santé, le natif sera très vraisemblablement soumis à des fluctuations en fonction de la nature des aspects et des étoiles du zodiaque de naissance. En outre, il doit être très attentif au retour de la Lune qui revient sur sa position initiale tous les 19 ans. Le natif qui est fortement influencé par ce luminaire devra surveiller ce cycle de 19 ans de façon à pouvoir prévoir les événements majeurs de sa vie. Sur le plan physique, la tradition dit que la Lune influence plus le côté gauche chez l'homme et le côté droit chez la femme, plus particulièrement en ce qui concerne les yeux. On note aussi une plus grande sensibilité au froid et à l'humidité ainsi qu'aux variations de température qui peuvent entraîner des excès de liquide dans le corps. Quand la Lune est très favorable, elle peut accorder la chance pure, la fécondité en général, la popularité, des gains instantanés et des revirements de situation favorables. La Lune très défavorable peut être un signe d'infortune. La Lune est maîtresse du zodiaque quand elle reçoit la majorité des aspects et qu'elle est très fortement influencée par les étoiles.

Le Soleil

Le natif très fortement influencé par ce luminaire a très probablement une bonne opinion de lui, un sens aigu de la justice et un esprit vengeur si le besoin s'en fait sentir. Il est aussi très ambitieux et orgueilleux de nature. Le besoin de dominer est constant. Il peut donc se montrer très colérique et aura tendance à être très dominateur et tyrannique à l'occasion. Le natif qui est très influencé par le Soleil est généralement de taille moyenne avec une stature imposante. Il dégage une impression de puissance. Le visage est imposant avec une belle configuration. Le Soleil influence particulièrement le côté droit chez l'homme et le gauche chez la femme (selon la tradition). Sur le plan physiologique, le Soleil influence la vitalité en général. Il prédispose aux inflammations des yeux, aux syncopes, aux problèmes cardiaques et circulatoires, la mort est généralement subite. Il influence la vie, surtout à l'âge mûr. On trouvera des natifs fortement influencés par ce luminaire dans tous les milieux, mais plus particulièrement là où le pouvoir s'exerce et où il peut se mettre en évidence et rayonner sur son entourage. Pour juger de la maîtrise du Soleil dans le zodiaque de naissance du natif, on doit tenir compte de ses aspects avec les autres significateurs et les étoiles fixes. Si c'est lui qui reçoit le plus d'influence, il devient maître de l'horoscope et rayonnera positivement ou négativement, selon les aspects.

Mercure

Le natif fortement influencé par cette planète ne sera pas du genre à rester en place et à attendre que les événements se produisent pour y faire face ou fuir, selon le cas. Car il y a une grande dualité dans sa nature. Il peut avoir des réactions positives et négatives dans un laps de temps très restreint. Son affinité avec les Gémeaux et avec la Vierge nous montre bien ses qualités et ses défauts. Malgré son égoïsme, le natif sera doté de belles qualités intellectuelles et il pourra être objectif à l'occasion. Avec la planète Mercure dominante dans le zodiaque de naissance, cela donne, sur le plan physique, une taille moyenne. Avec de mauvais aspects, le natif sera plutôt maigre et aura une santé délicate. Il devra surveiller son alimentation et éviter les drogues et excitants, car cela pourrait favoriser l'émergence de maladies nerveuses. On peut trouver des mercuriens dans tous les domaines, mais plus particulièrement là où il y a des transactions et des tractations de toutes sortes. Bref, on peut dire qu'il reste rarement en place. Pour juger de la qualité de Mercure dans votre zodiaque de naissance, vous devez tenir compte des aspects avec les autres significateurs et de la qualité des étoiles fixes du thème astrologique.

Vénus

Le natif fortement influencé par cette planète dégagera très probablement un magnétisme évident et n'hésitera pas à l'utiliser vis-à-vis de son entourage. Son charme lui permettra de se faire valoir et d'obtenir des faveurs. Sur le plan physique, le vénusien ne sera pas très grand, mais il est généralement bien proportionné, avec un visage agréable et même beau. Quand cette planète reçoit des aspects positifs des autres significateurs du zodiaque de naissance du natif, celui-ci aura très certainement la possibilité d'obtenir une belle réussite si les étoiles fixes ne sont pas trop mauvaises. Dans le cas contraire, il faudra accorder une attention spéciale à l'ensemble du thème pour déterminer la nature des épreuves et se préparer à y faire face et à amortir le choc si c'est possible. Car il faut considérer le fait suivant: le vénusien est, de par sa nature, très passionné et sensible, le moindre événement contrariant prend chez lui de très grandes proportions. Sur le plan physiologique, il a une prédisposition aux maladies qui affectent les glandes en général, le système digestif, les organes reproducteurs et les maladies de la peau. Il est sensible à tout ce qui se rapporte à son esthétique. Pour savoir si Vénus est maîtresse du zodiaque, on devra juger de l'ensemble des aspects qu'elle forme avec les autres significateurs et les étoiles fixes. Si c'est Vénus qui reçoit le plus d'aspects, elle devient maîtresse de l'horoscope.

Mars

Le natif très fortement influencé par cette planète a probablement un tempérament combatif et belliqueux ainsi qu'un goût du risque très prononcé, ce qui peut lui occasionner quelques vicissitudes. De par sa nature, il sera porté à faire fi des dangers. Sur le plan physique, le martien est d'une taille assez grande. Il devient musclé avec l'âge et peut avoir tendance à grossir. Mais il dégagera quand même une impression de force et d'énergie. Le martien n'est pas du genre à se laisser marcher sur les pieds. Il peut être très vindicatif si on le provoque. Toutefois, malgré cela, il est magnanime dans la victoire. Sur le plan physiologique, Mars prédispose à une certaine sensibilité du système musculaire, des reins, des organes sexuels, du système digestif et de la circulation veineuse. Le martien aura une très grande attirance pour tout ce qui peut le valoriser et flatter son ego. On le rencontrera plus particulièrement là où il peut se transcender, à savoir les sports, les arts en général, l'armée, la bourse, la politique et partout où il va pouvoir exercer un leadership quelconque. Afin de pouvoir juger de la qualité de Mars dans son zodiaque de naissance, le natif devra tenir compte de la valeur des aspects de Mars avec les étoiles fixes et les autres significateurs de l'horoscope (quand un significateur du zodiaque reçoit le plus d'aspects, il devient automatiquement le maître de l'horoscope).

Jupiter

Le natif très fortement influencé par cette planète a un sens inné de la justice et sera très probablement une personne très honnête. Il sera, en outre, prudent et aura un sens de la retenue et de l'amour-propre développé à l'extrême, surtout quand ce significateur est très fortement aspecté dans le signe de la Balance. Sur le plan physique, le jupitérien sera très probablement d'une taille moyenne avec une forte tendance à l'embonpoint. Malgré cette apparence, l'allure est noble et dégage une certaine puissance avec cette planète maîtresse de l'horoscope. Cela peut favoriser la chute précoce des cheveux et même la calvitie, plus évidente chez l'homme que chez la femme. Sur le plan physiologique, Jupiter influence surtout le sang et la circulation artérielle, la digestion, la respiration et l'équilibre. Il est à noter que les problèmes de santé auront un lien étroit avec les influences physiologiques. On peut rencontrer des jupitériens dans toutes les sphères de la société, mais plus particulièrement dans la magistrature, les banques, les ordres religieux, la police, les hauts fonctionnaires et les chefs d'entreprises. Pour juger de la maîtrise de Jupiter dans le zodiaque de naissance, on devra tenir compte des aspects qu'il a avec les autres significateurs et les étoiles fixes. Si c'est Jupiter qui reçoit le plus d'aspects, il devient maître de l'horoscope du natif.

Saturne

Le natif très fortement influencé par cette planète a vraisemblablement la possibilité d'obtenir une belle réussite, surtout quand Saturne est angulaire dans le thème de naissance et qu'il est fortement aspecté par les autres significateurs et les étoiles fixes. Sur le plan physique, le saturnien est en général grand et mince et aux alentours de la cinquantaine, il a plutôt tendance à prendre du poids. Malgré tout, environ le tiers des natifs restent plutôt maigres. Sur le plan physiologique, la planète Saturne gouverne les os, les oreilles, les articulations, le système lymphatique et glandulaire. Cette configuration peut favoriser l'émergence de certaines maladies, à savoir le diabète, le cancer, l'arthrite rhumatoïde, la lèpre et les maladies invalidantes en général. La plupart de ces maladies se produisent vers la troisième révolution de Saturne. On peut rencontrer des saturniens dans toutes les sphères de la société, mais plus particulièrement dans les professions suivantes: savants, ingénieurs, chercheurs, mineurs, moines, agriculteurs, astronomes, philosophes, astrologues et voyants. Pour savoir si Saturne gouverne le zodiaque de naissance du natif, on devra tenir compte des aspects avec les autres significateurs et les étoiles fixes. On doit retenir le fait suivant: Saturne est maître de l'horoscope quand il est le plus proche de la pointe d'une des Maisons angulaires, plus particulièrement la Maison X, car Saturne est le maître de cette Maison. Même s'il reçoit moins d'aspects, il demeure maître de l'horoscope du natif.

Uranus

Le natif fortement influencé par cette planète sera de toute évidence sous l'emprise de celle-ci. Les aspects que cette planète reçoit des autres significateurs et des étoiles fixes sont puissants, et cela est plus probant quand Uranus est dans une Maison angulaire. Le natif devra subir ses effets, bons ou mauvais, en fonction de la Maison où il demeure et de la qualité des étoiles fixes qui composent la carte du ciel. Sur le plan physique, l'uranien sera plutôt de taille moyenne et généralement mince. Toutefois, il n'est pas impossible qu'il y ait des obèses, car Uranus est la planète des contrastes dans le sens le plus large du mot. Sur le plan physiologique, la planète Uranus influence le cerveau, le système nerveux central et les extrémités. Cela peut entraîner des maladies subites et imprévues qui peuvent affecter l'équilibre mental. En outre, cette planète favorise les accidents violents et la fin de vie brutale quand elle est fortement influencée par des aspects très négatifs en Maisons II, IV, VI, VIII et XII, et qu'elle est soumise à l'influence d'une ou de plusieurs étoiles fixes qui vont dans ce sens. Pour déterminer la maîtrise d'Uranus, on devra tenir compte de l'angularité de la planète et des aspects qu'elle a avec les étoiles fixes et les autres significateurs de l'horoscope du natif.

Neptune

Le natif très fortement influencé par cette planète a probablement de très grandes chances de ressentir ses effets et de vivre très souvent en marge de la société. Car Neptune est la planète de la marginalité par excellence. Cela ne veut pas dire que, pendant toute sa vie, le natif vivra comme un marginal, mais il est fort possible qu'il ressente les effets de Neptune à des périodes bien précises de sa vie, surtout quand cette planète est en Maison angulaire et dans le signe du Capricorne. De plus, ce significateur peut favoriser l'émergence de certains problèmes reliés à la sexualité. Pour juger de l'ampleur de ces effets, on devra analyser attentivement l'horoscope de naissance du natif de façon à déterminer les secteurs et les aspects que les significateurs et les étoiles influencent. Sur le plan physique, le natif sera plutôt mince et de taille moyenne. Toutefois, il n'est pas impossible de voir des neptuniens assez gras, surtout quand ils développent des manies compensatoires. Sur le plan physiologique, Neptune prédispose aux troubles péristaltiques, aux manies sexuelles, aux maladies contagieuses en général et aux affections pulmonaires. On peut rencontrer des neptuniens dans tous les domaines, mais plus particulièrement dans les banques, la politique, les ordres religieux, les sociétés secrètes et les cercles privés. Pour déterminer l'ampleur de la maîtrise de ce significateur, on devra tenir compte des aspects qu'il a avec les étoiles fixes et avec les autres significateurs de l'horoscope de naissance du natif. Un fait important: quand Neptune est en bas de la ligne d'horizon, cela augmente le sens de Neptune.

Pluton

♇

Le natif très fortement influencé par cette planète a très probablement l'impression que les forces invisibles et le destin se fondent pour l'orienter sur un chemin sans issue, ce qui peut favoriser chez le natif l'émergence des refus et de la révolte dans sa vie en général. Très souvent, cela donne l'impression à son entourage que le natif ne fait confiance à personne, qu'il est orgueilleux et indifférent. Ce qui est souvent faux, car le natif est un mystère pour lui-même et il a beaucoup de difficultés à se situer par rapport à son entourage. Sur le plan physique, le plutonien sera plutôt le reflet de lui-même, c'est-à-dire grand ou petit, gros ou maigre. Il est rarement dans la moyenne. Cette planète, sur le plan physiologique, influence surtout les organes sexuels, les glandes, les viscères, la moelle osseuse et la moelle épinière. Ainsi, il y a des fortes possibilités que les problèmes de santé aient un lien étroit avec ces influences. En ce qui regarde l'activité, on rencontrera probablement des plutoniens dans les milieux les plus hétéroclites et les plus inattendus, à savoir dans les gouvernements, les mines, les ordres religieux, la finance et la mendicité, la police et dans les

prisons. Pour juger de la maîtrise de ce significateur dans le zodiaque de naissance, on
devra tenir compte des aspects qu'il a avec
les étoiles fixes et les autres significateurs. Il
ne faut pas oublier que quand la planète Pluton est à 1 degré ou moins de la pointe des
Maisons I, IV, VII et X, elle devient automatiquement maîtresse de l'horoscope, parce
qu'elle reste plusieurs années sur le même
degré du zodiaque.

Cères

Le natif très fortement influencé par cet astéroïde a de grandes possibilités de ressentir
ses effets beaucoup plus qu'il ne le croit.
Malgré sa petite taille, ce significateur envoie
un rayonnement très puissant par le biais des
planètes Mars et Jupiter qui sont ses voisins,
car Cères gravite entre leurs orbites. Sur les
plans physique et physiologique, le natif est
une combinaison du martien et du jupitérien.
Il aura à subir les mêmes problèmes de santé
que les natifs de ces planètes. Sur le plan
psychologique, Cères a une influence particulière. Elle détermine souvent le génie ou la
folie, selon la nature des aspects qu'elle reçoit des autres significateurs de l'horoscope
et des étoiles fixes. De par son analogie avec
le signe de la Vierge, on rencontrera très
probablement des natifs fortement influencés
par cet astéroïde dans les mêmes sphères
d'activité que les natifs de la Vierge. Un astéroïde ne peut être maître du zodiaque de
naissance à moins qu'il soit à 0 degré 0 minute de la pointe des Maisons I, IV, VI, VII, X
et XII.

Pallas

Le natif très fortement influencé par cet astéroïde a de très grandes chances de ressentir
ses effets qui sont de la même nature que
ceux de Cères, mais avec une légère différence: Pallas agit davantage sur les plans
émotif et affectif de l'individu. Avec ce significateur fortement aspecté dans son zodiaque
de naissance, le natif aura tendance à faire

ressortir son côté artistique et mettra tout en œuvre pour actualiser ses passions. De par son analogie avec le signe des Poissons, on rencontrera des natifs fortement influencés par cet astéroïde sensiblement dans les mêmes sphères d'activité que les natifs du signe des Poissons. Pallas peut être maître du zodiaque de naissance s'il est à 0 degré 0 minute de la pointe des Maisons I, IV, VI, VII, X et XII.

Junon

Le natif très fortement influencé par cet astéroïde a probablement de très grandes chances de ressentir ses effets, et cela, malgré sa petite taille. Sur le plan physique comme sur le plan physiologique, Junon, de par son analogie avec Jupiter, donne sensiblement les mêmes valeurs et amplifie le sens autoritaire de Jupiter. De par son analogie avec le signe des Poissons, Junon favorise les mêmes champs d'activité, mais avec beaucoup plus d'autorité. En outre, on peut dire que le natif fortement aspecté par Junon aura tendance à prendre la défense de la veuve et de l'orphelin, car il ne tolère pas l'injustice dans toutes ses formes. Junon peut être maître de l'horoscope du natif s'il est en position de force à 0 degré 0 minute de la pointe d'une des Maisons suivantes: I, IV, VI, VII, X et XII.

Vesta

Le natif très fortement influencé par cet astéroïde a vraisemblablement de grandes chances de constater la force du destin par le biais des aspects qui transcendent le sens de sa vie via Vesta. Car cet astéroïde influencera très probablement le natif dans les mêmes proportions que Mars pourrait le faire. Selon la qualité des aspects, le natif pourra être extrêmement violent et casse-cou. Cela peut lui causer des problèmes avec son entourage. Sur les plans physique et physiologique, il y a une grande analogie avec Mars et le signe des Poissons. Pour ce qui est de l'activité, on rencontrera des natifs influencés

par Vesta dans toutes les sphères de la société. On doit retenir que le natif fortement
influencé par Vesta devra se méfier de ses
colères. Vesta peut être le maître de l'horoscope s'il est en position de force, à savoir 0
degré 0 minute de la pointe d'une des Maisons suivantes: I, IV, VI, VII, X et XII.

Lilith

Le natif très fortement influencé par la Lune
Noire a vraisemblablement de fortes probabi-
lités d'avoir à subir les effets de ce significateur. Lilith influence le moi profond de l'individu et les refus vis-à-vis du milieu et de la
société, car la Lune Noire est le deuxième
foyer de l'orbite lunaire. Par conséquent, Lilith peut indiquer un manque de motivation
ou un refus de vivre si elle est mal aspectée.
Dans le cas contraire, elle peut transcender
le natif et lui donner une personnalité fasci-
nante et même dérangeante pour son entourage. Dans les deux cas, elle indique un destin hors des sentiers battus. Sur les plans
physique et physiologique, le natif qui a son
horoscope sous la maîtrise de Lilith ressentira les mêmes effets que celui qui est sous la
maîtrise de la Lune. En ce qui concerne le
côté activité, on rencontrera des natifs fortement influencés par Lilith dans toutes les
sphères de la société, et très souvent dans
les mêmes milieux que les lunaires. Pour
devenir le maître de l'horoscope, Lilith doit
être très fortement aspectée par les autres
significateurs et les étoiles fixes, et être en
conjonction très étroite avec la pointe des
Maisons I, IV, VII et X. La conjonction doit
être de 0 degré 0 minute pour être considé-
rée afin de déterminer la maîtrise de l'horoscope.

Gaïa

Le natif très fortement influencé par ce significateur a de très grandes chances de voir
s'actualiser le sens cosmique de Gaïa dans
sa vie terrestre, car Gaïa représente la Terre.
À ce titre, il indique le chemin à suivre pour

que le natif puisse accomplir son karma et ainsi effacer la dette karmique que le destin a placé sur sa route. Tout le monde a Gaïa dans son zodiaque de naissance, mais rares sont ceux qui l'ont si fortement aspectée au point qu'il devienne le maître du zodiaque. Le plus difficile est d'accomplir le sens cosmique de Gaïa qui veut le détachement des acquis de votre vie actuelle pour le mérite du nirvana. À première vue, cela paraît facile; mais en réalité, ce n'est pas simple, car il faut faire fi de tous nos désirs et de toutes nos envies, ou encore les obtenir et s'en défaire pour terminer les 30 dernières années de sa vie dans le dénuement aussi bien physique que moral. C'est là le prix du nirvana. Sur les plans physique et physiologique, le natif qui a Gaïa en position de maîtrise de son horoscope n'a pas de trait caractéristique qui puisse le différencier. On pourra le rencontrer dans toutes les sphères de la société. Le meilleur moyen de trouver la maîtrise de Gaïa dans l'horoscope natal du natif est de considérer la conjonction parfaite, c'est-à-dire 0 degré 0 minute, avec le pic du centre d'une des Maisons suivantes: I, IV, VII et X.

Chiron

Le natif très fortement influencé par ce significateur devra aller dans le sens de cette planète afin de réaliser son destin. Il faut retenir que, à cause de sa position dans le système solaire (elle se situe sur le plan astronomique entre Saturne et Uranus et croise périodiquement leurs orbites), elle subit alternativement leurs influences. Uranus influence davantage Chiron quand cette dernière est dans le signe du Bélier. Quand Chiron est dans le signe de la Balance, elle subit davantage l'influence de Saturne. Cela prend environ 50 ans à Chiron pour faire le tour du zodiaque. Donc, le natif qui est sous la maîtrise de ce signe vivra les changements majeurs de sa vie entre 48 et 52 ans. En effet, vers cette période, Chiron revient à son point de départ et réactualise une nouvelle vie pour le natif. De par la double influence que cette planète reçoit, on devra être très attentif à l'ensemble du zodiaque avant de porter un jugement de valeur sur la vie du natif. Sur les plans physique et physiologique, Chiron donne les mêmes influences que Saturne ou Uranus selon sa position dans le zodiaque et les aspects qu'elle a avec Saturne et Uranus. On retrouvera les mêmes effets en ce qui concerne les activités en général. Chiron peut être maître accompagnateur de Saturne ou d'Uranus. Dans ce cas, il dynamisera la planète avec qui il a un aspect majeur. Au contraire, quand Chiron est à 0 degré 0 minute de la pointe d'une des Maisons angulaires, c'est Uranus ou Saturne, selon la nature des aspects, qui deviennent accompagnateurs dans la maîtrise de l'horoscope.

Noeud Nord

Le natif très fortement influencé par ce significateur a vraisemblablement de grandes chances de voir s'actualiser le sens cosmique de ce point vernal sur son destin. Car il est le catalyseur de vos expériences dans votre vie actuelle. Il redistribue l'énergie accumulée de vos vies antérieures et peut ainsi vous permettre de réaliser votre karma dans votre vie actuelle. Le Noeud lunaire Nord ne peut pas être le maître de l'horoscope, à moins qu'il soit en conjonction étroite avec la Terre (Gaïa), c'est-à-dire à 0 degré 0 minute. À cette position, le natif pourra réaliser son karma et atteindre le nirvana (quand on réalise son karma, on arrête le cycle des réincarnations). Siddharta Gautama (Bouddha) se serait réincarné environ 547 fois avant d'atteindre le nirvana. La même chose a dû se produire pour Mahomet, le Christ, Confucius, Abraham et beaucoup d'autres (selon moi, il y a de grandes possibilités que les étoiles fixes doivent accomplir une révolution complète du zodiaque, c'est-à-dire 360 x 72 pour mettre un terme aux cycles des réincarnations).

Nœud Sud

Le natif très fortement influencé par ce significateur a probablement de très fortes chances de sentir un grand poids sur ses épaules. Le Nœud lunaire Sud représente notre passé dans notre vie actuelle. Il représente aussi les énergies karmiques non accomplies dans nos vies antérieures, ce qui explique cette sensation de poids sur nos épaules. Malgré cela, le natif pourra effacer sa dette karmique et pouvoir ainsi réaliser son karma si le Nœud Sud est à 0 degré 0 minute du Soleil sur la pointe de la Maison II à 0.00. À ce moment-là, le Nœud Nord se trouve à 0 degré 0 minute de Gaïa sur la pointe de la Maison VIII. En résumé, les aspects que le Nœud Sud reçoit indiquent ce que le destin réserve au natif par le biais de ses étoiles fixes afin de pouvoir atteindre le nirvana.

Les maisons astrologiques

MAISON I

AS

Tout ce qui correspond à la personnalité et au caractère. Le corps du natif, sa vitalité, son comportement, son apparence. Le natif face à lui-même, sa façon de s'affirmer et de se projeter dans la vie, ses moyens de le faire et ce que les étoiles lui accordent de bon ou de mauvais à la naissance. Ce qui va permettre au natif d'orienter son destin et de faire fonctionner son libre arbitre quand il en aura la possibilité.

MAISON II

Tout ce qui a rapport aux biens matériels, à l'alimentation et à l'inspiration. Les acquisitions matérielles (argent, les biens, la fortune), le comportement face à l'argent, la possibilité que les étoiles nous accordent d'avoir de l'argent par le biais de la chance pure ou en faisant jouer son libre arbitre quand on en a l'occasion. Il va de soi que si votre Maison est très fortement aspectée, les besoins et le pouvoir liés à l'argent peuvent devenir le centre d'intérêt qui vous permettra peut-être de réaliser vos aspirations ou votre inspiration qui n'est pas nécessairement d'ordre financier.

MAISON III

Les frères, les sœurs, les colatéraux, les communications, les petits déplacements, le monde relationnel environnant et la faculté d'adaptation au milieu où l'on est appelé à se mouvoir ou à se réaliser. L'influence de la formation reçue dans le cadre d'un milieu particulier et au sein de la famille. Quand cette Maison est fortement aspectée, le natif projette une image de lui-même indépendante de sa conscience, que le destin influence dans un sens bénéfique ou maléfique selon le cas ou la possibilité de libre arbitre que le natif mettra en œuvre par sa volonté.

MAISON IV

F C

Le foyer, les parents, l'hérédité, les possessions immobilières. L'ambiance que l'on perçoit et que nous aurons tendance à vivre au commencement et à la fin de notre vie, notre richesse intérieure, les trésors cachés, la sépulture, les legs à la postérité, la renommée après la mort. Le natif qui a cette Maison fortement influencée ressentira le besoin de laisser sa marque bonne ou mauvaise en relation avec l'influence de sa destinée par le biais des étoiles dans son horoscope de naissance. Dans cette Maison, le libre arbitre est très restreint; il n'est toutefois pas impossible de le faire agir. Pour cela, il faudra que le natif se serve d'une volonté supérieure à la normale.

MAISON V

Le monde de la création et de la récréation, ce que l'individu affiche de lui-même. La progéniture, l'art, les ornements, l'amour, les jeux, la sexualité, la spontanéité des sentiments, les dons, la matérialisation des désirs profonds, les modes, les jeux de hasard, la transmission du savoir. Quand cette Maison est très fortement influencée par les étoiles, le natif a tendance à suivre son inspiration au détriment de sa raison et de son entourage. Cependant, il est possible que l'influence de certaines Maisons du zodiaque par le biais des étoiles qui les habitent permette au natif de faire agir son libre arbitre, ce qui lui donne la possibilité d'être l'artisan de sa réussite ou bien de sa chute, selon le cas.

MAISON VI

Le quotidien au sens large. Les obligations journalières, le sens obligatoire du travail, les subalternes, les domestiques, tout ce qui contraint à une discipline, la santé, les afflictions et les soucis de chaque jour, les petits déplacements, les difficultés à vaincre, les petits animaux, les corvées en général. Le natif qui a cette Maison fortement influencée par les étoiles dans son zodiaque de naissance sera d'un naturel pessimiste ou optimiste, selon les aspects défavorables ou favorables dans son thème. Ici, le libre arbitre est extrêmement restreint, mais il arrive qu'il puisse jouer par le biais des paradis artificiels. Dans ce cas, il est plus néfaste que l'aspect défavorable et pousse le natif sur un chemin parsemé d'embûches.

MAISON VII

DS

Les associations, les contrats, le mariage, les divorces, les ruptures, les querelles, les procès, les contacts avec les autres, les ennemis déclarés. La transmutation du moi par le mariage ou les associations bonnes ou mauvaises, selon l'influence que les étoiles donnent à son zodiaque de naissance. Quand le natif a cette Maison fortement influencée par les étoiles, il ressentira le besoin d'aller dans le sens qu'elle annonce. Il aura un goût très fort de se marier ou de s'associer pour pouvoir réaliser ses aspirations intimes. Dans cette Maison, le libre arbitre a de bonnes chances de s'actualiser plus facilement que dans les autres Maisons. Mais les erreurs sont plus dommageables qu'il ne paraît à première vue.

MAISON VIII

Les transformations, les mutations, la mort, la tristesse, les sens, la passion, la sexualité, la régénération, l'occultisme, l'au-delà, le paradis, l'enfer, le travail, la tristesse, le troisième âge, la décrépitude, le détachement, les testaments, les héritages, la vie après la vie, les épreuves, le karma. Le natif qui a cette Maison très fortement influencée par les étoiles bénéfiques, neutres ou maléfiques devra aller dans le sens qu'indiquent ces étoiles pour accomplir son karma. Mais il ne faudrait pas céder à la panique et croire que cette Maison ne donne que malheurs et vicissitudes de toutes sortes. Elle peut être, contrairement à ce que l'on pense, plus positive que négative par le biais de la réalisation du karma individuel.

MAISON IX L'éloignement, les grands voyages, l'étranger, la religion, tout ce qui amène l'homme à vouloir s'élever, la philosophie, la loi, les études supérieures, la sagesse, le mysticisme, l'onirisme, le monde du lointain, la recherche de la vérité par les sciences occultes et l'exploration de l'inconnu. Le natif qui a cette Maison très fortement influencée par les étoiles et les planètes ressentira un besoin impératif de voyager, et il devra suivre le sens de la Maison dans la mesure du possible. Pour ce faire, le destin a placé des jalons sur sa route pour l'aider à se réaliser. Dans cette Maison, le libre arbitre peut jouer plus librement et influencer positivement ou négativement le zodiaque de naissance du natif, selon le choix du destin.

MAISON X

Le sommet, la gloire, la réussite, tout ce qui se rapporte aux honneurs, l'ambition, la force du destin, la position sociale du natif au sein de son entourage et du milieu dans lequel il se meut. Le natif qui a cette Maison très fortement influencée se doit d'accorder une attention toute spéciale à la nature des étoiles et des planètes qui habitent cette Maison et ne pas sauter trop vite aux conclusions sans considérer l'ensemble du zodiaque de naissance ainsi que les influences transitaires des planètes, des astéroïdes et des luminaires. Ici, le destin est quasiment inéluctable. Il a une prise extraordinaire sur la vie du natif. Il est très rare de constater la nonactualisation des événements que le destin commande dans cette Maison.

MAISON XI   La sociabilité, les amitiés, les espérances, la clientèle, les protecteurs, les sympathies spontanées, les supports imprévus, les souhaits, les sentiments réfléchis. Le natif qui a cette Maison très fortement influencée par les étoiles fixes, les planètes, les astéroïdes et les luminaires devra accorder une attention spéciale au sens des significations du ou des signes que ces astres transitent dans cette Maison. Cela afin de savoir quel chemin il aura à suivre pour pouvoir actualiser les effets bénéfiques ou maléfiques que le destin va lui faire subir s'il n'a pas la possibilité ou la volonté de faire jouer son libre arbitre. Cette Maison peut disposer le natif à la philanthropie ou à la misanthropie, selon les influences du destin.

MAISON XII   Le monde de l'épreuve, les ennemis, les persécutions, le cloître, les prisons, les trahisons, les calomnies, les inimitiés cachées, les difficultés de toutes sortes, les maladies graves, la fatalité, le sens du sacrifice, l'abandon moral, le dépassement, la sagesse, la paix intérieure, les grandes épreuves physiques ou mystiques, la reconnaissance posthume. Le natif qui a cette Maison très fortement influencée devra accorder une attention spéciale à son zodiaque de naissance pour voir les aspects bénéfiques et maléfiques que les étoiles fixes, les planètes, les astéroïdes et les luminaires vont lui envoyer par le biais de son destin. Dans cette Maison, le libre arbitre ne peut pratiquement pas influencer le destin du natif, en dépit de l'opposition du natif et de la volonté la plus farouche.

Les gouverneurs du zodiaque

GRILLE DES GOUVERNEURS POUR LES SIGNES ET LES MAISONS DU ZODIAQUE

MAISON	SIGNES DU ZODIAQUE	GOUVERNEUR	EXALTATION	EXIL	CHUTE
I	BÉLIER	MARS	SOLEIL PLUTON	VÉNUS	SATURNE
II	TAUREAU	VÉNUS	LUNE	MARS PLUTON	URANUS
III	GÉMEAUX	MERCURE	URANUS VÉNUS	JUPITER	NEPTUNE
IV	CANCER	LUNE	JUPITER	SATURNE	MARS
V	LION	SOLEIL	JUPITER MARS	URANUS	VÉNUS
VI	VIERGE	MERCURE	SATURNE VÉNUS	NEPTUNE	JUPITER
VII	BALANCE	VÉNUS	MERCURE URANUS	MARS	LUNE JUPITER
VIII	SCORPION	MARS PLUTON	NEPTUNE MERCURE	VÉNUS	SOLEIL URANUS
IX	SAGITTAIRE	JUPITER	SOLEIL VÉNUS	MERCURE	NEPTUNE MERCURE
X	CAPRICORNE	SATURNE	VÉNUS MERCURE	LUNE	MARS
XI	VERSEAU	URANUS	MERCURE VÉNUS	SOLEIL	PLUTON MARS
XII	POISSONS	NEPTUNE	LUNE PLUTON	MERCURE	JUPITER MERCURE

Pour localiser le gouverneur ou le maître de la Maison, on devra tenir compte du signe où cette Maison se trouve et prendre le gouverneur du signe comme maître de la Maison.

Exemple: J'ai la Maison I dans le signe du Capricorne. D'un coup d'œil, je constate que, dans ma grille, le Capricorne est gouverné par Saturne. Celui-ci devient alors maître de la Maison I.

Exemple: J'ai la Maison VII dans le signe des Gémeaux. Je constate que, dans ma grille, le gouverneur des Gémeaux est Mercure. Celui-ci devient à ce moment-là maître de la Maison VII.

Je fais la même opération pour toutes les Maisons du zodiaque.

INTERPRÉTATION DE LA POSITION DES GOUVERNEURS DES MAISONS

Gouverneurs de la Maison I
dans les signes du zodiaque

BÉLIER. Impulsivité, combativité, indépendance.

TAUREAU. Réalisme, puissants appétits vitaux.

GÉMEAUX. Vivacité, adaptabilité.

CANCER. Attachement familial, nature rêveuse.

LION. Ambition, générosité.

VIERGE. Tempérament méticuleux et ordonné.

BALANCE. Tolérance, diplomatie.

SCORPION. Caractère inflexible et rebelle.

SAGITTAIRE. Amour des grands espaces, fascination du lointain.

CAPRICORNE. Autodiscipline, opiniâtreté, calcul à long terme.

VERSEAU. Esprit novateur, originalité, universalisme.

POISSONS. Intuition, influençabilité.

Gouverneurs de la Maison I
dans les Maisons du zodiaque

MAISON I. Personnalité puissante et très affirmée.

MAISON II. Possessivité, importance du profit et des acquisitions.

MAISON III. Esprit pratique, goût de la communication.

MAISON IV. Amour du foyer, importance du milieu.

MAISON V. Importance des distractions et des plaisirs, créativité.

MAISON VI. Réalisation du moi dans le travail, importance des problèmes de santé.

MAISON VII. Influence prépondérante du conjoint, rôle primordial des associations.

MAISON VIII. Nature orientée vers les crises, obsession de l'au-delà et de la mort.

MAISON IX. Religiosité, goût des voyages, amour de l'étude.

MAISON X. Importance de la réussite professionnelle, grande ambition.

MAISON XI. Importance et grande valorisation du domaine amical.

MAISON XII. Incessante remise en question en vue d'une sublimation du soi intérieur, prédisposition à la solitude.

Gouverneurs de la Maison II dans les signes du zodiaque

BÉLIER. Audace dans les domaines de la finance et de l'entreprise.

TAUREAU. Recherche de stabilité dans les entreprises et les affaires.

GÉMEAUX. Opportunisme financier, débrouillardise.

CANCER. Attachement familial associé à des questions d'intérêt.

LION. Mépris des compromis financiers susceptibles de ternir notre image de nous-même.

VIERGE. Gain laborieux mais entrée d'argent régulière.

BALANCE. Situation financière réussie en fonction des associations plus ou moins heureuses.

SCORPION. Tendance à la ruse et aux manœuvres plus ou moins troubles dans le domaine financier.

SAGITTAIRE. Voyages fructueux, études fructueuses.

CAPRICORNE. Possibilité de fortune sur le tard à la suite d'une longue et fructueuse préparation.

VERSEAU. Peu de vocation pour les questions financières, économiques et spéculatives.

POISSONS. Tendance à compter plus sur les autres que sur soi-même.

Gouverneurs de la Maison II dans les Maisons du zodiaque

MAISON I. Les gains et les acquis occupent une place prépondérante dans la vie.

MAISON II. Si le gouverneur est bien aspecté, cette position donne une excellente possibilité de réussite dans le domaine financier.

MAISON III. Les communications et les déplacements sont fructueux et peuvent influencer favorablement le domaine financier.

MAISON IV. Influence favorablement la prospérité du domicile. Gains surtout employés pour le confort de la maison.

MAISON V. Les principales motivations des gains financiers sont surtout l'amour, l'art et les enfants.

MAISON VI. Les activités financières sont surtout directement liées au travail quotidien.

MAISON VII. Associations profitables, surtout avec le conjoint.

MAISON VIII. Gains favorisés par la possibilité d'héritages souvent inattendus.

MAISON IX. Les études et les voyages peuvent amener des rapports très fructueux avec l'étranger.

MAISON X. Les gains financiers sont, la plupart du temps, le résultat de la réussite sociale et professionnelle.

MAISON XI. La fortune résulte souvent du rapprochement des influences amicales.

MAISON XII. Risque d'épreuves financières. La véritable situation est quelquefois dissimulée. Argent occulte.

**Gouverneurs de la Maison III
dans les signes du zodiaque**

BÉLIER. Grande activité dans le domaine des déplacements et de la communication.

TAUREAU. Le domaine des relations a tendance à devenir de la routine.

GÉMEAUX. Adaptabilité, opportunisme intellectuel, sens de l'improvisation.

CANCER. Sens de la famille élargie aux amis et parents éloignés. Sens du groupe ou de la tribu.

LION. Goût de faste et du luxe, besoin de paraître, recherche d'entourage brillant.

VIERGE. Esprit pratique, grande habileté professionnelle, sens du détail.

BALANCE. Sens de la justice et de l'équité. Entourage conciliant.

SCORPION. Esprit curieux et regard inquisiteur sur les choses et les événements.

SAGITTAIRE. Stimulation du besoin d'évasion à travers les études ou les voyages.

CAPRICORNE. Tendance à exploiter son entourage en vue d'ambitions et d'élévation sociale.

VERSEAU. On sent un besoin impératif d'adhérer à un groupe de façon à pouvoir réaliser son idéal.

POISSONS. Forte tendance à se fondre passivement dans la collectivité et à y vivre en marge.

Gouverneurs de la Maison III dans les Maisons du zodiaque

MAISON I. La personnalité se développe et s'affirme à travers les amis, la famille et les proches.

MAISON II. Importance des petits déplacements et de l'environnement sur le plan des gains matériels et financiers.

MAISON III. Exploitation des aptitudes du sens pratique et efficacité du sens d'adaptation à son maximum.

MAISON IV. Profond attachement à toutes les valeurs traditionnelles de la famille.

MAISON V. Talent pédagogique et valorisation des aspects du jeu de la communication.

MAISON VI. Une attention spéciale sera accordée aux déplacements, car ils peuvent provoquer des problèmes de santé.

MAISON VII. Influence des proches ou des déplacements en ce qui regarde le mariage ou les associations.

MAISON VIII. Attention! risque de crise ou de mort à l'occasion d'un déplacement.

MAISON IX. Les déplacements quotidiens peuvent se transformer en de longs voyages et en de vastes expériences.

MAISON X. Sens de l'intrigue. L'entourage immédiat est utilisé de façon à aider le sujet dans son ascension sociale.

MAISON XI. Une importance prépondérante est donnée aux relations avec les amis.

MAISON XII. Les membres de l'entourage sont source d'épreuves et de difficultés morales.

Gouverneurs de la Maison IV dans les signes du zodiaque

BÉLIER. Rapports passionnels et intenses dans les domaines du foyer et de la famille.

TAUREAU. Représente un facteur de stabilité et de solidité matérielle.

GÉMEAUX. Risque de déséquilibre du foyer par le papillonnage et la fantaisie.

CANCER. Valorise le cercle familial, accorde une importance des racines et des habitudes.

LION. Sensibilise le sujet à un besoin de vie familiale luxueuse et fastueuse.

VIERGE. Les obligations ménagères sont ressenties comme une servitude pénible mais indispensable.

BALANCE. Accorde un élément d'équilibre sur le plan conjugal ou au niveau associatif.

SCORPION. La sexualité joue un rôle déterminant pour le maintien ou la rupture de l'harmonie familiale.

SAGITTAIRE. La passion de l'aventure et des voyages n'est pas favorable à la stabilité du foyer.

CAPRICORNE. Vie de famille très exigeante, mais ses fondements demeurent très solides.

VERSEAU. Idéalisme et universalisation peu compatibles avec l'esprit de famille ou de clan.

POISSONS. Vie de famille désordonnée, bohème et instable.

**Gouverneurs de la Maison IV
dans les Maisons du zodiaque**

MAISON I. Le sujet se sent responsable et pourvoyeur de sa famille.

MAISON II. Fait fructifier les acquis et le patrimoine familial donne une nature possessive.

MAISON III. Accorde le sens du clan et celui de la tribu.

MAISON IV. Exaltation de l'intimité, du foyer, des valeurs familiales et traditionnelles.

MAISON V. Tendance à avoir un jardin secret et une intimité bien cachée vouée aux plaisirs de toutes natures.

MAISON VI. Forte influence de la famille et de l'hérédité sur le travail et la santé.

MAISON VII. Profond besoin de légalisation des relations intimes, qu'il s'agisse du mariage ou des associations.

MAISON VIII. Possibilité de crises majeures affectant l'entourage du natif, que ce soit le foyer ou la famille.

MAISON IX. Grands rêves de voyages intérieurs, ou voyages lointains faits avec la famille.

MAISON X. La vie intime du natif est un moyen de réalisation de ses aspirations professionnelles et sociales.

MAISON XI. L'harmonie du foyer peut être remise en cause par un tourbillon de projets et de nouveaux amis.

MAISON XII. L'intimité familiale est marquée par des épreuves douloureuses. Possibilité d'exil ou d'éloignement du foyer.

Gouverneurs de la Maison V
dans les signes du zodiaque

BÉLIER. Caractère entreprenant, intrépide et expansif.

TAUREAU. Grande sensualité et amour des plaisirs matériels.

GÉMEAUX. Le sujet adore les jeux de l'esprit et les raffinements intellectuels.

CANCER. Grande fécondité morale ou physique. Indice de famille nombreuse.

LION. Le natif est porté à avoir une sexualité conquérante et passionnée. Amour idéaliste et chevaleresque.

VIERGE. Le sujet ressent une certaine réserve qui tend à inhiber le plein épanouissement du plaisir.

BALANCE. Recherche de l'âme sœur et du mariage parfait.

SCORPION. Les impératifs sexuels sont dominants. Très grande tendance à érotiser les relations.

SAGITTAIRE. Les voyages et le dépaysement peuvent représenter une source de jouissance.

CAPRICORNE. Faible érotisation des plaisirs, mais recherche des plaisirs authentiques.

VERSEAU. Forte exaltation des sentiments platoniques. L'altruisme est un moyen de plaisir intense.

POISSONS. L'être trouve son plaisir dans les influences réciproques. Créativité, imagination.

Gouverneurs de la Maison V
dans les Maisons du zodiaque

MAISON I. La personnalité s'affirme pleinement à travers les plaisirs et la créativité.

MAISON II. Les aptitudes amoureuses et leurs jeux peuvent permettre la réalisation des biens matériels.

MAISON III. Les déplacements peuvent être une source de plaisir et de liaisons amoureuses.

MAISON IV. C'est dans l'intimité du foyer que le natif extériorise le mieux ses aptitudes créatives et affectives.

MAISON V. Cette position exalte et intensifie tous les besoins de jouissance.

MAISON VI. Très grand risque de maladies chez les enfants.

MAISON VII. L'harmonie conjugale est fondée sur une profonde entente charnelle et sur un amour commun des enfants.

MAISON VIII. Grand risque de crises graves liées aux enfants.

MAISON IX. Fortes tendances des amours et des plaisirs à l'étranger ou avec des étrangers.

MAISON X. Grande importance des répercussions du domaine amoureux sur la carrière ou la réussite artistique.

MAISON XI. Le natif aura tendance à cultiver les amitiés amoureuses.

MAISON XII. Les amours sont mystérieux et cachés. Liaisons secrètes.

Gouverneurs de la Maison VI dans les signes du zodiaque

BÉLIER. Accomplit les besognes quotidiennes avec dynamisme et beaucoup d'enthousiasme.

TAUREAU. Le natif s'enracine dans l'habitude du travail routinier. Bonne aptitude à l'effort laborieux.

GÉMEAUX. Horreur de la routine dans le travail quotidien, curiosité dans tous les domaines et dilettantisme naturel.

CANCER. Le natif privilégie les activités qui visent à favoriser le travail ménager de façon à améliorer le confort familial.

LION. Besoin d'exercer une autorité dans le travail quotidien. Rejet évident de discipline.

VIERGE. Bonne aptitude à l'effort quotidien. Travailleur et productif.

BALANCE. Le sujet n'assumera les tâches ingrates que si celles-ci se font dans le cadre d'un groupe, d'une association ou dans une ambiance harmonieuse.

SCORPION. Le natif a tendance à refuser toutes contraintes. Il risque d'être l'instigateur de désordre et d'anarchie.

SAGITTAIRE. Bonne propension à l'effort, mais seulement en vue d'une grande aventure ou d'une entreprise de l'esprit.

CAPRICORNE. Très bonnes combinaisons d'autodiscipline, de concentration d'efforts soutenus et d'une très grande persévérance.

VERSEAU. L'idéal collectif et une source importante de motivation pour pouvoir permettre le labeur quotidien.

POISSONS. Le sujet doit être pris en charge et dirigé pour se soumettre aux obligations du travail.

Gouverneurs de la Maison VI
dans les Maisons du zodiaque

MAISON I. Valorisation du moi intérieur par le travail, très bonnes aptitudes au travail.

MAISON II. Le travail quotidien devient particulièrement rentable.

MAISON III. Les déplacements sont nombreux et nécessaires pour l'exercice de la profession.

MAISON IV. Le travail se fait surtout en famille et dans le cadre du foyer.

MAISON V. Le travail du sujet est surtout lié aux jeux, aux plaisirs et au monde de l'enfance.

MAISON VI. Tendance à avoir une existence laborieuse. Risque de problèmes de santé.

MAISON VII. Les rapports sont étroits entre le travail quotidien et la vie conjugale ou associative.

MAISON VIII. L'exercice du travail quotidien peut avoir des relations étroites avec la mort.

MAISON IX. Longues études ou voyages lointains pour l'exercice d'une profession. Travail à l'étranger.

MAISON X. Le natif réalise ses aspirations et s'épanouit à travers son travail.

MAISON XI. Le travail quotidien ne peut être fait que dans une bonne ambiance foncièrement amicale.

MAISON XII. Le travail est source d'épreuves, de dévouement, d'isolement. Risque d'hospitalisation pour des raisons de santé.

Gouverneurs de la Maison VII
dans les signes du zodiaque

BÉLIER. Enthousiasme et impulsivité dans le domaine des associations et du mariage.

TAUREAU. Unions stables et solides.

GÉMEAUX. Trop forte tendance à l'opportunisme et à la fantaisie. Déséquilibre dans la vie conjugale.

CANCER. Le mariage entraîne un profond enracinement dans les valeurs familiales et traditionnelles.

LION. Besoin évident d'unions brillantes et spectaculaires.

VIERGE. La vie conjugale doit être à l'abri des regards indiscrets pour pouvoir permettre au natif de s'épanouir pleinement.

BALANCE. Les associations et le mariage occupent une place importante dans la vie du natif.

SCORPION. Tendance à l'individualisme souvent incompatible avec une vie conjugale harmonieuse.

SAGITTAIRE. Le natif risque de s'égarer à la poursuite d'un partenaire imaginaire. Possibilité de mariage à l'étranger.

CAPRICORNE. L'union conjugale doit avant tout servir l'ambition. Cette position apporte souvent une différence d'âge dans l'union.

VERSEAU. Recherche du conjoint idéal, ce qui amène aisément à l'utopie et aux fantasmes.

POISSONS. Vie conjugale instable et chaotique. Dévouement envers le conjoint.

Gouverneurs de la Maison VII
dans les Maisons du zodiaque

MAISON I. Le natif ressent les associations sur le plan égocentrique et aura tendance à s'approprier le conjoint.

MAISON II. Les unions entraînent des gains substantiels. Elles sont aussi facteurs de collaborations fructueuses.

MAISON III. Déplacements fréquents du conjoint.

MAISON IV. Le partenaire s'intégrera facilement à la vie familiale.

MAISON V. Union féconde. Bonne entente sur le plan des plaisirs et des jeux.

MAISON VI. Les époux auront tendance à travailler ensemble.

MAISON VII. Bonne harmonie du couple.

MAISON VIII. Grand risque de veuvage prématuré.

MAISON IX. Les mariages et les associations peuvent être conclus à l'étranger ou avec un étranger.

MAISON X. L'union peut favoriser la carrière et les ambitions sociales.

MAISON XI. Tendance à approfondir la compréhension et à resserrer les liens de complicité entre les conjoints.

MAISON XII. Pour le natif, le mariage est parfois une source d'épreuves ou d'isolement.

Gouverneurs de la Maison VIII dans les signes du zodiaque

BÉLIER. Les crises sont violentes mais généralement assez brèves.

TAUREAU. Donne une vision sereine de la mort.

GÉMEAUX. Dangereuse instabilité. La mort a tendance à laisser le natif indifférent.

CANCER. Remise en cause du cadre familial et tendance aux fantasmes.

LION. Le natif éprouve du mépris pour le danger et pour la mort.

VIERGE. Les soins sont exagérés pour se préserver de la mort comme de tout renoncement.

BALANCE. Grande possibilité de crises graves dans le domaine conjugal ou associatif.

SCORPION. États morbides. Fascination de la mort et de l'au-delà.

SAGITTAIRE. Grand risque d'accident au cours d'un long voyage. Peur de la mort.

CAPRICORNE. Possibilité de crise affectant la carrière et les ambitions du natif. Avidité matérielle.

VERSEAU. Risques liés à la vie moderne avec une certaine indifférence vis-à-vis de la mort.

POISSONS. Peur évidente de la mort. Cette peur est amplifiée par l'imagination.

Gouverneurs de la Maison VIII dans les Maisons du zodiaque

MAISON I. Les mutations jouent un rôle important dans le développement de la personnalité.

MAISON II. Héritages fructueux, gains substantiels liés aux problèmes de la mort.

MAISON III. Les crises et les deuils entraînent beaucoup de petits déplacements.

MAISON IV. Grand risque de décès dans le milieu familial avec possible destruction du foyer.

MAISON V. Renoncement aux plaisirs et aux distractions faciles.

MAISON VI. Travaux harassants. Risque de maladie qui paralyse les activités.

MAISON VII. Unions ou associations contractées à la suite d'un ou plusieurs décès.

MAISON VIII. Le destin est fortement marqué par les crises et les deuils.

MAISON IX. Risque de crise ou de mort à l'étranger.

MAISON X. La réussite sociale peut être remise en cause brutalement à la suite d'une mort.

MAISON XI. Possibilité de perte d'amis chers.

MAISON XII. L'existence risque fortement d'être jalonnée d'épreuves et de deuils.

Gouverneurs de la Maison IX dans les signes du zodiaque

BÉLIER. L'attrait pour les vastes projets intellectuels et les grands voyages provoque de brusques passions.

TAUREAU. Esprit d'aventure peu compatible avec le besoin d'enracinement du signe, mais favorable à l'épanouissement de l'imagination.

GÉMEAUX. Caractère très adaptable. Grande curiosité d'esprit et amour du changement.

CANCER. Le natif a un tempérament foncièrement rêveur et une tendance aux lubies.

LION. Cette position indique souvent des rêves de gloire et des grandes entreprises chevaleresques et généreuses.

VIERGE. Le natif a le sens des voyages organisés et le génie des affaires touristiques.

BALANCE. Très grande tolérance et aptitude à concilier les philosophies les plus antinomiques.

SCORPION. Beaucoup d'aptitude à explorer les grands mystères de la vie et du monde.

SAGITTAIRE. Le natif est orienté vers un continuel élargissement de la conscience. Bonne culture générale.

CAPRICORNE. Beaucoup de capacité pour aller au fond de la connaissance. Ambitions lointaines et gigantesques.

VERSEAU. Les tendances humaniste et idéaliste portent le natif vers un certain messianisme. La préoccupation individuelle est orientée vers le social.

POISSONS. Le natif a tendance à se fondre dans de grands élans mystiques impliquant souvent une grande confusion d'esprit.

Gouverneurs de la Maison IX
dans les Maisons du zodiaque

MAISON I. Pour se réaliser, le natif a besoin de concrétiser ses rêves et ses idéaux.

MAISON II. Les études supérieures et les voyages à l'étranger peuvent devenir très fructueux sur le plan financier.

MAISON III. L'opportunisme et l'habileté pratique du sujet permettent d'adapter les grandes théories aux nécessités du quotidien.

MAISON IV. Valeurs traditionnelles et familiales perçues avec un idéal quasi religieux. Possibilité de fonder un foyer à l'étranger.

MAISON V. Exaltation des plaisirs et des jeux digne de Bacchus. Le natif peut avoir des talents pédagogiques.

MAISON VI. Le lointain peut être lié au quotidien. Le travail s'exerce surtout en rapport avec l'étranger.

MAISON VII. La loi peut représenter un certain idéal. La vie conjugale et les associations sont perçues comme l'expression d'une certaine harmonie.

MAISON VIII. Grandes possibilités d'expériences occultes ou mystiques à l'étranger.

MAISON IX. Les voyages et la philosophie sont les centres essentiels de l'intérêt et de l'épanouissement.

MAISON X. Bien souvent, la réussite sociale du natif est indissociable de l'idéologie.

MAISON XI. Culte de l'amitié et très grande hospitalité.

MAISON XII. Propension aux études et aux voyages solitaires. Il peut y avoir un idéal d'abnégation et de sacrifice.

Gouverneurs de la Maison X
dans les signes du zodiaque

BÉLIER. Les ambitions personnelles peuvent faire sentir de l'impatience et donner une bonne dose de passions.

TAUREAU. Grand besoin de carrière stable et chemin bien indiqué.

GÉMEAUX. L'ascension se fait surtout en zig-zag, remplie de pirouettes et de volte-face.

CANCER. Pour concrétiser sa réussite sociale, le natif ressent le besoin de s'appuyer sur de puissantes racines familiales et traditionnelles.

LION. L'ambition est démesurée avec des rêves de gloire et de grandeur.

VIERGE. Carrière minutieusement construite par le natif et laborieusement échafaudée.

BALANCE. Carrière du natif souvent tributaire des associations.

SCORPION. Besoin viscéral d'indépendance. Le sujet ne parvient à ses fins qu'en se marginalisant.

SAGITTAIRE. La réussite se fait surtout à l'étranger et dans les relations avec des pays lointains. Possibilité de prestige culturel.

CAPRICORNE. Ambitions très fortes. Volonté irréductible. Bonne dose d'arrivisme.

VERSEAU. La réussite sociale se fait à travers l'innovation dans le modernisme. Certaine tendance à l'utopie.

POISSONS. Beaucoup d'instabilité et de difficultés pour mener un effort continu.

Gouverneurs de la Maison X
dans les Maisons du zodiaque

MAISON I. La réussite sociale est essentiellement orientée dans le sens de la puissance et du rayonnement de la personnalité.

MAISON II. La carrière financière, l'appât du gain et la fortune sont le but de l'existence.

MAISON III. La réussite sociale du natif a des chances de s'actualiser dans la communication et les échanges.

MAISON IV. La carrière du natif est orientée sur les problèmes et les valeurs familiales et traditionnelles.

MAISON V. Réussite possible dans le domaine des plaisirs et en matière pédagogique.

MAISON VI. La réussite peut être laborieuse et très difficile. Liée à de possibles problèmes de santé.

MAISON VII. La réussite du natif dépend souvent du mariage et des associations.

MAISON VIII. La mort peut favoriser ou défavoriser la réussite selon les aspects que le natif reçoit dans cette maison. Cela peut indiquer une réussite posthume.

MAISON IX. Les études et les voyages peuvent contribuer à la réussite sociale. Celle-ci peut avoir lieu à l'étranger.

MAISON X. Les problèmes de carrière constituent la préoccupation première de la vie du natif.

MAISON XI. Pour le natif, les relations amicales jouent un rôle primordial dans l'ascension sociale. Succès possible vis-à-vis d'une clientèle.

MAISON XII. La carrière peut être une source d'épreuves difficiles et de solitude durement ressenties.

Gouverneurs de la Maison XI dans les signes du zodiaque

BÉLIER. Cette position accorde beaucoup de dévouement amical.

TAUREAU. Beaucoup de stabilité et grande fidélité en amitié.

GÉMEAUX. Les amitiés du natif sont très changeantes, ce qui amène de nombreux revirements.

CANCER. Le foyer du natif aura tendance à s'élargir au cercle des amis.

LION. Cette position prédispose à la recherche des amitiés brillantes et spectaculaires.

VIERGE. Le cercle des amis du natif est très restreint. Grande pudeur des sentiments.

BALANCE. Associations amicales. Amitiés quelquefois amoureuses.

SCORPION. L'amitié du natif est puissante puis très exigeante. Importante attirance sexuelle plus ou moins avouée.

SAGITTAIRE. Le natif aime avoir ses amis avec lui pour faire ses voyages et vivre ses aventures.

CAPRICORNE. Une certaine misanthropie nuit à l'épanouissement de l'amitié.

VERSEAU. Sentiments amicaux érigés en culte.

POISSONS. Le sujet recherche les amitiés secrètes et s'appuie surtout sur les amis en cas d'épreuves.

Gouverneurs de la Maison XI dans les Maisons du zodiaque

MAISON I. L'influence des amis peut jouer un rôle important dans le développement de la personnalité du natif.

MAISON II. Avec cette position, le cercle amical peut devenir une source importante de profits matériels.

MAISON III. Le natif est très entouré. Mais il s'agit de relations plus que de véritables amis.

MAISON IV. Les amitiés du natif sont souvent profondes et durables ainsi qu' étroitement liées à l'intimité.

MAISON V. Les amis du natif sont souvent associés aux plaisirs et aux jeux.

MAISON VI. Le natif reçoit beaucoup d'aide des amis pour des besognes difficiles.

MAISON VII. Le sujet a tendance à s'associer avec des amis. Une amitié peut se terminer par un mariage.

MAISON VIII. Cette position indique souvent une perte ou une mort des amis et des amitiés.

MAISON IX. Possibilité de voyages lointains en compagnie d'un groupe d'amis. Indice d'amis à l'étranger.

MAISON X. Les amis jouent un rôle important sur les plans de la carrière et de la réussite sociale du natif.

MAISON XI. Les amitiés du natif occupent une place très importante dans la vie. Profonde compréhension des amis.

MAISON XII. Amitiés souvent secrètes. Possibilité d'intrigues et de trahisons.

**Gouverneurs de la Maison XII
dans les signes du zodiaque**

BÉLIER. Le natif risque de recevoir de brusques coups du sort et de violentes bourrasques indépendantes de sa conduite.

TAUREAU. Les soucis du natif tournent à l'idée fixe et peuvent souvent assombrir le ciel clément de l'existence.

GÉMEAUX. Malentendus et contretemps suivis parfois de petits échecs qui peuvent contribuer à une certaine instabilité chronique.

CANCER. Graves perturbations à craindre en ce qui concerne la famille et le foyer.

LION. Cette position prédispose le natif à un goût du faste et du spectaculaire, ce qui entraîne quelquefois une situation inextricable.

VIERGE. Le natif subit parfois des crises morales et physiques dues au caractère complexe du signe.

BALANCE. Peut provoquer des ruptures de contrats et une remise en cause de l'harmonie.

SCORPION. Le sujet se détruit parfois lui-même à force d'amertume et de haine mal canalisées.

SAGITTAIRE. Le natif sera parfois l'objet de violentes attaques contre son idéologie. Possibilité de longs voyages remplis de pièges.

CAPRICORNE. L'ambition et la persévérance sont souvent contrariées.

VERSEAU. Les risques d'épreuves du natif sont surtout ressentis dans son idéal.

POISSONS. Le natif éprouve une certaine passivité, ce qui risque de lui amener des épreuves. Cette position peut donner le sens du sacrifice.

Gouverneurs de la Maison XII dans les Maisons du zodiaque

MAISON I. La personnalité du natif est parfois marquée par d'incessantes épreuves qui rendent la vie difficile.

MAISON II. Grand risque de difficultés matérielles et financières.

MAISON III. Les problèmes de communication du natif, les querelles avec les proches et les petits accidents rendent la vie difficile.

MAISON IV. Possibilité d'avoir des soucis assez graves qui peuvent affecter le cercle familial.

MAISON V. Le natif est peu porté aux plaisirs et aux distractions. Tendance à l'ennui. Les enfants sont bien souvent une source de chagrin.

MAISON VI. Problèmes de santé à craindre. Angoisse et amertume face aux obligations quotidiennes.

MAISON VII. Grand risque de rupture d'association ou de mariage compromis.

MAISON VIII. Cette position peut signifier un deuil douloureux très durement ressenti par le natif.

MAISON IX. Problèmes liés avec l'étranger. Risque d'exil ou d'accident au cours d'un voyage à l'étranger.

MAISON X. La situation sociale et la carrière du natif sont contrariées, ce qui influence la combativité.

MAISON XI. Grand risque de trahisons et de déceptions amicales.

MAISON XII. Le natif est destiné à avoir des épreuves qui peuvent engendrer une sublimation de l'être.

Sens cosmique des signes et des éléments

MASCULINS. Émissif, dynamisme, extériorisation des sentiments, des désirs et des idées dans l'action, initiative et courage physique. Attention: risque d'orgueil, impulsivité, violence, témérité, dédain et surestimation de soi quand les transits sont contraires dans l'horoscope.

FÉMININS. Réceptif, retenue, discrétion, intériorisation des sentiments, réaction aux ambiances, sens du secret, diplomatie, ténacité. Attention: risque d'insatisfaction de son sort, d'inquiétude et de passivité quand les transits sont contraires dans l'horoscope.

CARDINAUX. Activité, initiative, début des choses et engagement dans le monde physique. Risque d'une vision simple et incohérente des choses et des événements quand l'horoscope est majoritairement influencé par des aspects négatifs dans les quatre signes cardinaux: Bélier, Cancer, Balance, Capricorne, et aussi dans les quatre Maisons angulaires: I, IV, VII et X.

FIXES. Forte personnalité, sens de l'entreprise, fermeté, stabilité et manifestation de nature émotionnelle. Risque de manifestation brutale face à l'adversité et d'incohérence du raisonnement quand l'horoscope reçoit des aspects contradictoires dans les quatre signes fixes: Taureau, Lion, Scorpion, Verseau, et aussi dans les quatre Maisons succédentes: II, V, VIII et XI.

MUTABLES. Adaptabilité, réflexion, flexibilité spirituelle, fin des choses, éveil de la nature mentale et universelle, regard nouveau et inhabituel sur le monde et les avatars de l'existence. Risque de chute du tonus et de l'objectivité face à l'adversité quand l'horoscope est mal aspecté dans les signes mutables: Gémeaux, Vierge, Sagittaire, Poissons, et aussi dans les quatre Maisons cadentes: III, VI, IX et XII.

FEU. Centre de l'énergie, générosité, réaction rapide, exaltation spontanée, tendance à l'héroïsme et au don-quichottisme. De bons aspects dans l'horoscope donnent des meneurs d'hommes ou des chefs hors pair. Toutefois, risques de fanatisme à outrance, de parti pris aveugle et de manque de souplesse quand l'horoscope reçoit majoritairement des aspects contradictoires dans les signes de Feu: Bélier, Lion, Sagittaire, et aussi dans les trois Maisons correspondantes à ces signes: I, V et IX.

TERRE. Énergie tranquille, ténacité des idées et des réactions face aux événements, clarté de vue, sens pratique et réalisateur concret, détermination et continuité des objectifs fixes, esprit fécond et créateur. Quand l'horoscope reçoit des bons aspects, cela peut favoriser l'émergence des dirigeants au sens large du mot, aussi bien des chefs d'États, des magnats de la finance, des artistes, des sportifs, des religieux et des magistrats hors pair. Toutefois, risque non négligeable de tyrannie, de despotisme, de cruauté mentale et physique quand l'horoscope reçoit majoritairement des aspects contradictoires dans les signes de Terre: Taureau, Vierge, Capricorne, et dans les trois Maisons correspondantes à ces signes: II, VI et X.

AIR. Adaptation, sensibilité, esprit orienté vers la pensée et les échanges d'idées. Les buts féconds et abstraits sont favorables aux échanges théoriques et intellectuels. Concrétisation des idées et des sensations supérieures dans un horoscope bien influencé dans les signes d'Air et les Maisons correspondantes. Risque d'hésitation devant un choix à faire. Pensée utopique et idées chimériques devant l'adversité quand l'horoscope reçoit des aspects très contradictoires dans les signes d'Air: Gémeaux, Balance, Verseau, et dans les trois Maisons correspondantes à ces signes: III, VII et XI.

EAU. Besoin d'agir par inertie, force passive, pouvoir de désintégration, sens de la pénétration et vision introvertie des choses et des événements par une force imprévisible. Domination des sensations et maîtrise du milieu avec un horoscope bien influencé dans les signes d'Air et dans les Maisons correspondantes. Risque d'être dominé par les impressions. Tendance destructrice et nocive, passivité, indécision et hésitation devant l'imprévu quand l'horoscope reçoit des aspects fortement contradictoires dans les signes d'Eau: Cancer, Scorpion, Poissons, et aussi dans les trois Maisons correspondantes: IV, VIII et XII.

Synthèse des signes du zodiaque

BÉLIER:
Signe de Feu. Cardinal. Positif. Masculin.
Violent. Mobile.

Sens cosmique: L'éveil du printemps, la jeunesse virile, le commencement des choses. Actif, impulsif, apte au commandement.

Localisation physique: La tête, le nez, le visage, les yeux, le cerveau, le spectum lucidum, l'épiphyse, le corps calleux, les sinus.

Action pathologique: Fièvres, hypertension, inflammations, constipation.

Tendances favorables: Volonté, activité, ardeur, ambition, enthousiasme, initiative, rapidité, passion.

Tendances défavorables: Violence, véhémence, goût de la bagarre, impulsion, agressivité.

Sens naturel: Le commandement, le sommet, l'autorité, la hiérarchie.

Tendances de l'activité: Les armes, les métaux, l'industrie, la chirurgie.

TAUREAU:
Signe de Terre. Fixe. Négatif. Féminin. Bénéfique.

Sens cosmique: La stabilité. La nature commence à donner ses fruits. La fertilité. La force. La ténacité.

Localisation physique: Le cou, le système nez-gorge-oreille. Glandes endocrine, thyroïde, hypophyse. Centre nerveux inférieur, bulbe rachidien, cervelet, pont de varole.

Action pathologique: Chute brusque du tonus (par période). Le diabète, la goutte. Avec l'âge, forte tendance à l'arthrite et à l'arthrose, surtout à la nuque et aux vertèbres lombaires.

Tendances favorables: Sens pratique, endurance, persévérance, tranquillité, patience, opiniâtreté, fidélité.

Tendances défavorables: Matérialisme, lenteur, entêtement, colère, avidité.

Sens naturel: La terre, les plantes, les parfums, les corps ronds et les sphères.

Tendances de l'activité: Les banques, les chantiers, l'agriculture, les arts, les transactions de toutes sortes.

GÉMEAUX:
Signe d'Air. Masculin. Maléfique. Double. Stérile. Positif.

Sens cosmique: La jeunesse, l'adolescence, le mouvement, le langage, les facultés d'adaptabilité, l'instabilité.

Localisation physique: Les poumons, les bronches, les nerfs, les bras, les mains, la circulation du sang en général.

Action pathologique: Les inflammations du système respiratoire, les bursites, les fractures des membres supérieurs, les dépressions nerveuses, le risque de troubles hépatiques, respiratoires, cardiovasculaires et cérébraux (surtout dans les cas de mauvaise nutrition, ce qui est fréquent chez les Gémeaux).

Tendances favorables: Intelligence non spéculative, jeunesse d'esprit, curiosité d'autodidacte, mobilité, finesse de perception, mémoire.

Tendances défavorables: Instabilité intellectuelle, agitation, indécision, inattention, versatilité.

Sens naturel: Les routes, les établissements scolaires, les voyages, l'air.

Tendances de l'activité: L'enseignement, le journalisme, le cinéma, l'industrie du livre, la librairie, la bibliothèque, la philatélie, le trafic postal, la communication, la représentation.

CANCER:
Signe d'Eau. Cardinal. Négatif. Féminin. Maléfique.
Mobile. Fécond.

Sens cosmique: L'épanouissement de la nature, la sensibilité, le passé, la fécondité, la popularité, la démocratie, le souvenir, la marée, la famille.

Localisation physique: Base des poumons, le buste, la poitrine, les seins, l'estomac, le système neuro-végétatif, la lymphe, le foie, le pancréas.

Action pathologique: Les troubles digestifs, l'hypersécrétion, les alternances de haut et de bas du tonus, les tensions psychiques.

Tendances favorables: Le sens de la famille, l'attachement, la sensibilité, l'inspiration, le culte du passé, la mémoire des faits et des dates.

Tendances défavorables: L'inertie, la mollesse, la sensualité, la paresse, le pessimisme.

Sens naturel: L'eau, les mers, les océans, les lacs, les cristaux, le verre transparent, la chaleur.

Tendances de l'activité: L'histoire, les métiers de la mer, guide touristique, voyageur de commerce, publiciste, décorateur, politicien, actuaire.

LION:
Signe de Feu. Masculin. Bénéfique. Fixe. Stérile. Positif.

Sens cosmique: Le rayonnement, la lumière, la puissance, l'énergie, le développement, la volonté, l'épanouissement et la plénitude de la végétation, le soleil.

Localisation physique: Le cœur, le dos, la moelle épinière, la colonne vertébrale, les nerfs rachidiens, les artères, les yeux.

Action pathologique: L'hypertension, l'artériosclérose, les troubles du cœur, les dorsalgies, les troubles de la vue.

Tendances favorables: Générosité, esprit de chevalerie, sens de la miséricorde, noblesse, élégance, esthétisme, luxe, panache.

Tendances défavorables: Susceptibilité, snobisme, arrogance, trop grand amour du décorum, vanité.

Sens naturel: Les monuments, les théâtres, les édifices publics, les universités, les collèges, les endroits où l'on peut parler en public.

Tendances de l'activité: Les arts, le luxe, les industries du spectacle, les ambassades, les bijoux, les châteaux, les établissements de luxe.

VIERGE:
**Signe de Terre. Féminin. Bénéfique. Double.
Stérile. Négatif.**

Sens cosmique: Le temps des moissons, le déclin de l'été, le profit, les récoltes, la nature donne ses fruits en récompense de la peine.

Localisation physique: Les intestins, le foie, la vésicule biliaire, le duodénum, le système nerveux et les articulations (surtout à partir du troisième âge).

Action pathologique: Constipation, diarrhée, hypocondrie, contractions spasmodiques et péristaltiques, pharmacomanie, arthrite, arthrose.

Tendances favorables: Goût du travail, habileté pratique et professionnelle, ordre, méthode, précision, logique, prudence, sens critique développé, discret, raisonnable, tenace.

Tendances défavorables: Timidité, soumission, manque d'ambition, mesquinerie, froideur, scepticisme, calculateur, manie de l'hygiène, goût de l'intrigue, tatillon.

Sens naturel: Les hôpitaux, les laboratoires, les écoles, les fermes, les zoos, les banques.

Tendances de l'activité: Recherche, soins infirmiers, enseignement, commerce de détail, comptabilité, pharmacie, alimentation, syndicalisme.

BALANCE:
Signe d'Air. Masculin. Violent. Mobile. Cardinal. Positif.

Sens cosmique: Le temps, l'harmonie, la justice, le dilettantisme, la conciliation, la recherche de l'équilibre, les goûts artistiques.

Localisation physique: Reins, capsules surrénales. Région lombaire, les hanches, la vessie, la prostate, le sang.

Action pathologique: Néphrites, hypertension, œdème, hémorragie cérébrale, urémie, troubles cérébro-vasculaires.

Tendances favorables: Compréhension, harmonie, charme, affabilité, honnêteté, charité, raffinement, équilibre mental, générosité.

Tendances défavorables: Indolence, complaisance, prétention, utopie, susceptibilité, amour de la facilité.

Sens naturel: Palais de justice, instruments de mesure et de précision, édifices gouvernementaux, aéroports.

Tendances de l'activité: Carrières libérale, juridique, législative, commerce, défense des droits, météorologie, horlogerie, informatique, aéronautique.

SCORPION:
Signe d'Eau. Féminin. Maléfique. Violent. Fécond.
Fixe. Négatif.

Sens cosmique: La mort, le germe de la vie en puissance, les mystères de la vie, la destruction, la reconstruction, la force et l'agressivité contenues.

Localisation physique: Le système génital et urinaire, le gros intestin, le rectum, le sperme, le nez, la gorge.

Action pathologique: Inflammation, infection, troubles ovariens, troubles de la prostate, ulcères variqueux, hémorroïdes, dipsomanie, toxémie.

Tendances favorables: L'énergie, la ténacité, la concentration, la régénération, la curiosité scientifique, la pénétration, la détermination, l'introspection, l'opiniâtreté, l'endurance.

Tendances défavorables: Scepticisme, envie, âpreté, envie, dureté, sarcasme, jalousie, cruauté, haine, agression.

Sens naturel: Les marais, les eaux stagnantes, les corps souples et pointus, les grottes, les cimetières, les hôpitaux, les égouts, les liquides contenant la vie en gestation, les salons mortuaires.

Tendances de l'activité: La chirurgie, la médecine, les sciences secrètes et occultes, la biologie, la chimie, l'astrologie, la vente, les métiers de la mer et des liquides.

SAGITTAIRE:
Signe de Feu. Masculin. Bénéfique. Double. Positif.

Sens cosmique: Les voyageurs, l'allant, la foi, l'étranger, l'enthousiasme, l'exploration, les défis, l'élan du corps et de l'esprit, le dynamisme.

Localisation physique: Les cuisses, les artères, le nerf sciatique, les hanches, les genoux, les artères, le système digestif fragile, surtout le foie, la rate, le pancréas.

Action pathologique: Agitation, allergies alimentaires, diabète, goutte, troubles digestifs surtout dans le cas d'une alimentation trop riche et mal équilibrée, troubles nerveux.

Tendances favorables: Optimisme, vivacité, chance, jovialité, bonne humeur, indépendance, bienveillance, goût de l'enseignement, humanisme, loyauté, franchise.

Tendances défavorables: Vantardise, impatience, surexcitation, trop grand esprit du risque, impressionnabilité.

Sens naturel: L'étranger, les missions, les églises, les stades, l'aviation, les camps militaires, les universités.

Tendances de l'activité: Professeur, écrivain, aviateur, sportif, explorateur, religieux, carrières libérales.

CAPRICORNE:
Signe de Terre. Féminin. Violent. Mobile.
Cardinal. Négatif.

Sens cosmique: Le pouvoir établi, l'élévation lente et sûre, la sagesse, la maturité, la méditation et l'abstrait, le joug, le silence, l'anxiété.

Localisation physique: Le squelette, les articulations, la peau, les genoux, l'estomac.

Action pathologique: Arthrose, arthrite, rhumatismes, œdèmes, lenteur de la thyroïde, problèmes stomacaux, problèmes de la peau.

Tendances favorables: Continuité de l'effort, sens pratique, ambition, esprit sérieux, frugalité, mérite, effort, persévérance.

Tendances défavorables: Cupidité, froideur, arrivisme, inquiétude, découragement, froideur, pessimisme, inquiétude, priorité des intérêts.

Sens naturel: Les pièces articulées, les rouages, les monastères, les hôpitaux, les mines, les bourses, les prisons.

Tendances de l'activité: La chimie osseuse, les économistes, les rhumatologues, les médecins spécialistes du squelette et de la peau, les religieux, les rhumatologues.

VERSEAU:
Signe d'Air. Masculin. Violent. Fixe. Positif.

Sens cosmique: L'altruisme humanitaire, la connaissance qui transcende l'esprit, la recherche de l'amitié, l'universalisme, le sens de la fraternité, l'amour du nouveau.

Localisation physique: Le sang, les membres inférieurs, la lymphe, les terminaisons nerveuses, le rythme cardiaque.

Action pathologique: Hypoglycémie, angine de poitrine, asthme, troubles nerveux, tachyarythmie.

Tendances favorables: Compréhension humaine, fidélité, souci de la forme, curiosité scientifique, sens de la fraternité.

Tendances défavorables: Indiscipline, indifférence, sécheresse, insensibilité, extravagance, excentricité.

Sens naturel: L'espace, la liberté, le sous-sol, les ondes, le réseau électrique et électro-magnétique, l'informatique, l'énergie atomique, les organismes de fraternité (ONU, UNESCO, etc.)

Tendances de l'activité: Chercheur, inventeur, aviateur, ingénieur, humaniste, savant, diplomate, fonctionnaire, astronome.

POISSONS:
Signe d'Eau. Féminin. Bénéfique. Double.
Fécond. Négatif.

Sens cosmique: L'émotivité, la charité, la compassion, la dualité, l'éloignement, le rapprochement, la tendresse, l'intuition, l'espionnage, la mer, l'océan, l'eau.

Localisation physique: Les artères et les vaisseaux, les chevilles, l'électricité cérébrale, le rythme cardiaque, le foie, les poumons, le système nerveux.

Action pathologique: Froid et sudation des extrémités, lymphatisme, troubles pulmonaires et hépatiques, faible résistance aux drogues, angoisses.

Tendances défavorables: Passivité, paresse, alcoolisme, sensualité perverse, espionnage, escroquerie, vagabondage, incohérence, alcoolisme.

Sens naturel: Les hôpitaux, les prisons, les contenants, les monastères, les fleuves, l'intérieur des choses, l'eau, les boissons, les instruments de musique, la recherche, le cinéma, l'art en général.

Tendances de l'activité: Pêcheur, rééducateur, employé médical, employé de prison, moine, guérisseur, musicien, chirurgien, savant, acteur, peintre.

Liste et position des étoiles fixes pour l'an 2000

SIGNES	ÉTOILES	NATURE	DEGRÉS DU ZODIAQUE
BÉLIER.2.33	DIPHDA.	SATURNE.	2.33.
BÉLIER.9.09.	ALGENIB.	MARS/MERCURE.	9.09.
BÉLIER.12.50.	ALDERAMIN	SATURNE/JUPITER	12.50.
BÉLIER.14.18.	ALPHERAT.	JUPITER/VÉNUS.	14.18.
BÉLIER.21.46.	BATEN-KAITOS.	SATURNE.	21.46.
BÉLIER.26.50	AL-PHERG.	SATURNE/MERCURE.	26.50.
BÉLIER.27.51.	VERTEX.	LUNE/MARS.	27.51.
TAUREAU.0.14.	MIRACH.	VÉNUS.	30.14.
TAUREAU.3.57.	SHERATAN.	MARS/SATURNE.	33.57.
TAUREAU.6.50.	TRIANGLE.	VÉNUS/MERCURE.	36.50.
TAUREAU.7.39.	HAMAL.	MARS/SATURNE.	37.39.
TAUREAU.7.49.	CHEDIR.	VÉNUS/SATURNE.	37.49.
TAUREAU.14.11.	ALMACH.	VÉNUS.	44.11.
TAUREAU.14.18.	MENKAB.	SATURNE.	44.18.
TAUREAU.25.11.	CAPULUS.	MARS/SATURNE.	55.11.
TAUREAU.26.10.	ALGOL.	SATURNE/JUPITER.	56.10.
GÉMEAUX.0.08.	LES PLÉIADES.	LUNE/MARS.	60.08.
GÉMEAUX.5.17.	LES HYADES.	SATURNE/MERCURE.	65.17.
GÉMEAUX.9.46.	ALDEBARAN.	MARS.	69.46.
GÉMEAUX.16.44.	RIGEL.	JUPITER/MARS.	76.44.
GÉMEAUX.20.55.	BELLATRIX.	MARS/MERCURE.	80.55.
GÉMEAUX.21.23.	ARNEB.	MERCURE/SATURNE.	81.23.
GÉMEAUX.21.50.	CAPELLA.	MARS/MERCURE.	81.50.
GÉMEAUX.22.22.	MINTAKA.	JUPITER/SATURNE.	82.22.
GÉMEAUX.22.32.	EL-NATH.	MARS.	82.32.
GÉMEAUX.22.41.	PHACT.	JUPITER/URANUS.	82.41.
GÉMEAUX.22.57.	LUSIS.	JUPITER/SATURNE.	82.57.
GÉMEAUX.23.27.	ALNILAM.	JUPITER/SATURNE.	83.27.
GÉMEAUX.24.41.	ALNITACK.	JUPITER/PLUTON.	84.41.
GÉMEAUX.24.46.	AL-HECKA.	MARS/URANUS.	84.46.
GÉMEAUX.28.34.	LA POLAIRE.	SATURNE/VÉNUS.	88.34.

GÉMEAUX.28.44.	BETELGEUSE.	MARS/MERCURE.	88.44.
GÉMEAUX.29.54.	MENKALINAM.	MARS/MERCURE.	89.54.
CANCER.3.27.	TEJAT.	VÉNUS/MERCURE.	93.27.
CANCER.5.18.	DIRAH.	MERCURE/VÉNUS.	95.18.
CANCER.9.06.	ALHENA.	MERCURE/VÉNUS.	99.06.
CANCER.14.04.	SIRIUS.	JUPITER/MARS.	104.04.
CANCER.14.58.	CANOPUS.	SATURNE/JUPITER.	104.58.
CANCER.18.31.	WASAT.	MARS/LUNE.	108.31.
CANCER.18.58.	PROPUS.	SATURNE/MERCURE.	108.58.
CANCER.20.13.	CASTOR.	MERCURE.	110.13.
CANCER.20.34.	ADARA.	URANUS/VÉNUS.	110.34.
CANCER.21.51.	WESEN.	VÉNUS/LUNE.	111.51.
CANCER.23.13.	POLLUX.	MARS.	113.13.
CANCER.23.51.	PROCYON.	MERCURE/MARS.	113.51.
LION.7.25.	PROESOEPE.	MARS/LUNE.	127.25.
LION.7.32.	ANON-NORD.	MARS/SOLEIL.	127.32.
LION.8.32.	ANON-AUSTRAL.	MARS/SOLEIL.	128.32.
LION.13.39.	ACUBENS.	SATURNE/MERCURE.	133.39.
LION.15.14.	DUBHE.	JUPITER/MARS.	135.14.
LION.19.24.	MERAK.	MARS/SOLEIL.	139.24.
LION.20.42.	AL-GEMIBI.	SATURNE/MERCURE.	140.42.
LION.27.04.	ALPHARD.	SATURNE/VÉNUS.	147.04.
LION.27.34.	ADHAFERA.	SOLEIL/SATURNE.	147.34.
LION.27.54.	AL. LABHAH.	SATURNE/MERCURE.	147.54.
LION.29.35.	ALGEIBA.	SATURNE/VÉNUS.	149.35.
LION.29.50.	REGULUS.	MARS/JUPITER.	149.50.
VIERGE.8.51.	ALIOTH.	MARS/MERCURE.	158.51.
VIERGE.10.37.	ZOSMA.	SATURNE/VÉNUS.	160.37.
VIERGE.15.38.	MIZAR.	MERCURE/MARS.	165.38.
VIERGE.21.23.	DENEBOLA.	SATURNE/VÉNUS.	171.23.
VIERGE.25.11.	COPULA.	VÉNUS/MERCURE.	175.11.
VIERGE.26.43.	LABRUM.	VÉNUS/MERCURE.	176.43.
VIERGE.26.53.	BERENICE.	LUNE/VÉNUS.	176.53.
VIERGE.26.56.	BENETNASH.	MARS.	176.54.
VIERGE.27.07.	ZAVIJAVA.	MERCURE/MARS.	177.07.
VIERGE.28.51.	MARKEB.	SATURNE/JUPITER.	178.51.
BALANCE.4.50.	ZANIAH.	MERCURE/VÉNUS.	184.50.
BALANCE.9.56.	VINDEMATRIX.	SATURNE/VÉNUS.	189.56.
BALANCE.10.11.	CAPHIR.	MERCURE/VÉNUS.	190.11.
BALANCE.13.49.	AL-GORAB.	MARS/SATURNE.	193.49.
BALANCE.17.37.	SEGINUS.	MERCURE/SATURNE.	197.37.
BALANCE.23.06.	FORAMEN.	SATURNE/JUPITER.	203.06.
BALANCE.23.51.	L'EPI.	VÉNUS/SATURNE.	203.51.
BALANCE.24.13.	ARCTURUS.	MARS/JUPITER.	204.13.
SCORPION.3.08.	PRINCEPS.	MERCURE/SATURNE.	213.08.
SCORPION.6.58.	KHAMBALLA.	MERCURE/MARS.	216.58.
SCORPION.11.49.	ACCRUX.	JUPITER.	221.49.
SCORPION.12.15.	ALPHECCA.	VÉNUS/MERCURE.	222.15.
SCORPION.15.04.	KIFA-AUSTRALE.	JUPITER/MARS.	225.04.
SCORPION.19.08.	KIFA-BORÉALE.	JUPITER/MARS.	229.08.

SCORPION.22.03.	UNUKALHAI.	SATURNE/MARS.	232.03.
SCORPION.23.42.	AGENA.	VÉNUS/JUPITER.	233.42.
SCORPION.29.44.	BUNGALA.	VÉNUS/JUPITER.	239.44.
SAGITTAIRE.1.04.	KORNEFOROS.	MERCURE/MARS.	241.04.
SAGITTAIRE.2.18.	YED-PRIOR.	SATURNE/VÉNUS.	242.18.
SAGITTAIRE.2.34.	ISIDIS.	MARS/SATURNE.	242.34.
SAGITTAIRE.3.10.	GRAFFIA.	MARS/SATURNE.	243.10.
SAGITTAIRE.9.11.	HAN.	SATURNE/VÉNUS.	249.11.
SAGITTAIRE.9.44.	ANTARES.	MARS/JUPITER.	249.44.
SAGITTAIRE.11.56.	RASTABAN.	SATURNE/VÉNUS.	251.56.
SAGITTAIRE.16.09.	RASALGETHI.	MERCURE/MARS.	256.09.
SAGITTAIRE.22.25.	RASALHAGUE.	SATURNE/VÉNUS.	262.25.
SAGITTAIRE.24.11.	LESATH.	MERCURE/MARS.	264.11.
SAGITTAIRE.24.46.	ACULEUS.	MARS/LUNE.	264.46.
SAGITTAIRE.27.16.	ACUMENS.	LUNE/MARS.	267.16.
SAGITTAIRE.29.44.	SINISTRA.	VÉNUS/MERCURE.	269.44.
CAPRICORNE.0.56.	SPICULUM.	MARS/LUNE.	270.56.
CAPRICORNE.1.06.	NUSHABA.	MARS/LUNE.	271.06.
CAPRICORNE.3.13.	POLIS.	JUPITER/MARS.	273.13.
CAPRICORNE.4.35.	KAUS-MEDIA.	JUPITER/MARS.	274.35.
CAPRICORNE.9.51.	FACIES.	SOLEIL/MARS.	279.51.
CAPRICORNE.12.23.	PELAGUS.	MERCURE/JUPITER.	282.23.
CAPRICORNE.13.38.	ASCELLA.	JUPITER/MERCURE.	283.38.
CAPRICORNE.14.59.	MUNUBRIUM.	SOLEIL/MARS.	284.59.
CAPRICORNE.15.16.	VEGA.	VÉNUS/MERCURE.	285.16.
CAPRICORNE.19.48.	DENEB.	MARS/JUPITER.	289.48.
CAPRICORNE.25.50.	TEREBELLUM	VÉNUS/URANUS.	295.50.
VERSEAU.1.16.	ALBIREO.	VÉNUS/MERCURE.	301.16.
VERSEAU.1.45.	ALTAIR.	MARS/JUPITER.	301.45.
VERSEAU.3.51.	GIEDI.	VÉNUS/MARS.	303.51.
VERSEAU.4.02.	DABIH.	VÉNUS/SATURNE.	304.02.
VERSEAU.4.40.	OCULUS.	SATURNE/VÉNUS.	304.40.
VERSEAU.5.13.	BOS.	SATURNE/VÉNUS.	305.13.
VERSEAU.12.45.	ARMUS.	MARS/MERCURE.	312.45.
VERSEAU.13.49.	DORSUM.	MARS/MERCURE.	313.49.
VERSEAU.17.23.	SUALOCIN.	SATURNE/MARS.	317.23.
VERSEAU.20.11	CASTRA.	MARS/MERCURE.	320.11.
VERSEAU.21.46.	NASHIRA.	SATURNE/JUPITER.	321.46.
VERSEAU.23.24.	SADALSUND.	SATURNE/MERCURE.	323.24.
VERSEAU.23.31.	DENEB-ALGENIB.	SATURNE/MERCURE.	323.31.
POISSONS.3.24.	SADALMELIK.	SATURNE/MERCURE.	333.24.
POISSONS.3.49.	FOMALHAUT.	VÉNUS.	333.49.
POISSONS.5.22.	DENEB-ADIGE.	VÉNUS/MERCURE.	335.22.
POISSONS.8.53.	SKAT.	VÉNUS/SATURNE.	338.53.
POISSONS.14.47.	ACHERNAR.	JUPITER.	344.47.
POISSONS.23.18.	MARKAB.	MARS/MERCURE.	353.18.
POISSONS.29.08.	SCHEAT.	VÉNUS/MERCURE.	359.08.

ACCRUX.
SIGNE.: SCORPION.11.49.
NATURE.: JUPITER.
DEGRÉS.: 221.49.
SIGNIFICATION.: Goût du faste.
Prestige. Occultisme. Succès. Sens de
la justice. Persévérance. Épreuves
difficiles.

MAO TSE TOUNG.
SIGMUND FREUD.
JULIEN CLERC.
MICHÈLE MORGAN.
CHRISTOPHE LAMBERT.
BRIGITTE BARDOT.
JIMMY CARTER.
SIMONE DE BEAUVOIR.
CHARLES CHAPLIN.
FRANÇOIS LÉOTARD.
ANDRÉ MALRAUX.
MARQUIS DE SADE.
BORIS VIAN.
JEAN-PAUL SARTRE.
ABRAHAM LINCOLN.

ACHERNAR.
SIGNE.: POISSONS.14.47.
NATURE.: JUPITER.
DEGRÉS.: 344.47.
SIGNIFICATION.: Déplacements
multiples. Autorité. Prééminence.
Transcendance. Occultisme.
Épreuves en voyage. Foi.

JULES VERNE.
JEAN-PAUL II.
ABRAHAM LINCOLN.
MOLIÈRE.
FRÉDÉRIC CHOPIN.
ÉLISABETH II.
GUILLAUME APOLLINAIRE.
RICHARD NIXON.
VICTOR HUGO.
ARTHUR RIMBAUD.
ALEXANDRE DUMAS.
LADY DIANA.
GEORGES GUYNEMER.
RAMAKRISHNA.
VINCENT VAN GOGH.

ACUBENS.
SIGNE.: LION.13.39.
NATURE.: SATURNE/MERCURE.
DEGRÉS.: 133.39.
SIGNIFICATION.: Caractère
atrabilaire. Fabulation. Irritabilité.
Fébrilité. Isolement. Malice.
Persévérance. Grande possibilité
d'obtenir le prestige et la
renommée.

MARILYN MONROE.
JEAN-PAUL II.
ROBERT BOURASSA.
ÉLISABETH II.
FRANKLIN ROOSEVELT.
VICTOR HUGO.
LOUIS II DE BAVIÈRE.
ALEXANDRE DUMAS.
JACQUES OFFENBACH.
CHARLES CHAPLIN.
MARGUERITE YOURCENAR.
ÉDITH PIAF.
MARGARET THATCHER.
CARL JUNG.
VINCENT VAN GOGH.

ACULEUS.
SIGNE.: SAGITTAIRE.24.46.
NATURE.: MARS/LUNE.
DEGRÉS.: 264.46.
SIGNIFICATION.: Audace. Amour des défis et des combats. Caractère autoritaire. Problèmes psychologiques. Tendance colérique. Problèmes visuels.

VINCENT VAN GOGH.
ISAAC NEWTON.
HONORÉ DE BALZAC.
FRANKLIN ROOSEVELT.
WALT DISNEY.
VICTOR HUGO.
RICHARD WAGNER.
JACQUES OFFENBACH.
MARGUERITE YOURCENAR.
CARL JUNG.
VALÉRY GISCARD D'ESTAING.
GRACE DE MONACO.
RUDYARD KIPLING.
JACQUELINE ONASSIS.
NAPOLÉON Ier.

ACUMENS.
SIGNE: SAGITTAIRE.27.16.
NATURE.: LUNE/MARS.
DEGRÉS.: 267.16.
SIGNIFICATION.: Fluctuation du destin. Problèmes visuels. Tempérament autoritaire et batailleur. Inconstance. Caractère susceptible.

ADOLF HITLER.
LOUIS PASTEUR.
FERNANDEL.
VICTOR HUGO.
RICHARD WAGNER.
KARL MARX.
BRIGITTE BARDOT.
ARTHUR RIMBAUD.
VALÉRY GISCARD D'ESTAING.
SERGE GAINSBOURG.
JACQUES CHIRAC.
ÉDITH PIAF.
FRANZ LISZT.
MARIA CALLAS.
GANDHI.

ADARA.
SIGNE.: CANCER.20.34.
NATURE.: URANUS/VÉNUS.
DEGRÉS.: 110.34.
SIGNIFICATION: Fidélité. Charité. Risque de blessures. Passion. Vaillance. Risque de mort prématurée. Bouleversements et changement de vie spectaculaire.

ROBERT BOURASSA.
MOLIÈRE.
ÉLISABETH II.
SALVADOR DALI.
RICHARD NIXON.
ÉLISABETH TAYLOR.
BRIGITTE BARDOT.
JAMES DEAN.
BERNARD TAPIE.
GEORGES GUYNEMER.
GRACE DE MONACO.
MARCEL PROUST.
MAO TSE TOUNG.
BJORN BORG.
MARILYN MONROE.

ADHAFERA.
SIGNE.: LION.27.34.
NATURE.: SOLEIL/SATURNE.
DEGRÉS.: 147.34.
SIGNIFICATION.: Tendance
suicidaire. Vol. Fraude. Risque
d'intoxication. Crime. Roublardise.
Promptitude. Intelligence. Subtilité
d'esprit. Désir de gloire.

AGENA.
SIGNE.: SCORPION.23.42.
NATURE.: VÉNUS/JUPITER.
DEGRÉS.: 233.42.
SIGNIFICATION.: Belle réussite
sociale. Protection. Honneurs.
Succès. Richesse. Situation de
premier rang. Renommée.

$

AL-GEMIBI.
SIGNE.: LION.20.42.
NATURE.: SATURNE/MERCURE.
DEGRÉS.: 140.42.
SIGNIFICATION.: Danger.
Intempérance. Solitude. Violence.
Risque de mort subite et
prématurée. Sens artistique et
critique.

MOLIÈRE.
HONORÉ DE BALZAC.
RASPOUTINE.
RICHARD WAGNER.
PABLO PICASSO.
MARGUERITE YOURCENAR.
MARGARET THATCHER.
SERGE GAINSBOURG.
PAUL VERLAINE.
FRANZ LISZT.
JOSÉPHINE DE
BEAUHARNAIS.
RODOLPHE DE HABSBOURG.
CATHERINE DENEUVE.
JANE FONDA.
MARILYN MONROE.

FRANKLIN ROOSEVELT.
ÉLISABETH II.
AGATHA CHRISTIE.
PABLO PICASSO.
RASPOUTINE.
JANE FONDA.
RENÉ BARJAVEL.
VICTOR HUGO.
LOUIS PASTEUR.
BERNARD TAPIE.
GIUSEPPE VERDI.
FRANÇOIS LÉOTARD.
JACQUES MARTIN.
ENRICO MACIAS.
ADOLF HITLER.

JULES VERNE.
FERNANDEL.
SIGMUND FREUD.
GEORGES POMPIDOU.
BRIGITTE BARDOT.
JAMES DEAN.
VALÉRY GISCARD
D'ESTAING.
JIMMY CARTER.
PAUL VERLAINE.
JACQUES CHIRAC.
MARIA CALLAS.
CHARLES DE FOUCAULD.
FERNAND REYNAUD.
GÉRARD PHILIPPE.
GANDHI.

AL-GORAB.
SIGNE.: BALANCE.13.49.
NATURE.: MARS/SATURNE.
DEGRÉS.: 193.49.
SIGNIFICATION.: Malhonnêteté.
Furtivité. Risque de déchéance.
Indélicatesse. Malice. Agressivité.
Gourmandise. Forte passion.
Instinct matérialiste.

AL-HECKA.
SIGNE.: GÉMEAUX.24.46.
NATURE.: MARS/URANUS.
DEGRÉS.: 84.46.
SIGNIFICATION.: Réaction rapide.
Honneur. Violence. Risque par
l'électricité ou la foudre. Risque
d'accident. Épreuves difficiles.
Bouleversements.

AL-PHERG.
SIGNE.: BÉLIER.26.50.
NATURE.: SATURNE/MERCURE.
DEGRÉS.: 26.50.
SIGNIFICATION.: Spontanéité.
Autorité. Persévérance. Sens des
relations et des affaires. Problèmes
psychologiques.

ISAAC NEWTON.
FRÉDÉRIC CHOPIN.
GUILLAUME APOLLINAIRE.
ARTHUR RIMBAUD.
ÉLISABETH TAYLOR.
BRIGITTE BARDOT.
HENRI CHARRIÈRE.
JIMMY CARTER.
SERGE GAINSBOURG.
PAUL VERLAINE.
MARCEL PROUST.
FRANZ LISZT.
MARIA CALLAS.
ÉDITH PIAF.
ELVIS PRESLEY.

FERNANDEL.
HONORÉ DE BALZAC.
FRANKLIN ROOSEVELT.
WALT DISNEY.
RICHARD WAGNER.
ORSON WELLES.
MARGARET THATCHER.
CARL JUNG.
CATHERINE DENEUVE.
HENRI CHARRIÈRE.
DUC DE WINDSOR.
RAMAKRISHNA.
JACQUES BREL.
BOB DYLAN.
NAPOLÉON Ier.

ADOLF HITLER.
GUISEPPE BALSAMO.
(CAGLIOSTRO)
ISAAC NEWTON.
FRÉDÉRIC CHOPIN.
FERNANDEL.
SIGMUND FREUD.
RASPOUTINE.
LOUIS II DE BAVIÈRE.
ARTHUR RIMBAUD.
ALEXANDRE DUMAS.
PABLO PICASSO.
MARGARET THATCHER.
GEORGES GUYNEMER.
VALÉRY GISCARD
D'ESTAING.
VINCENT VAN GOGH.

AL. LABHAH.
SIGNE.: LION.27.54.
NATURE.: SATURNE/MERCURE.
DEGRÉS.: 147.54.
SIGNIFICATION.: Risque de chute.
Risque de mort subite. Tendance
atrabilaire. Déplacement
obligatoire. Isolement. Réussite
sociale. Succès. Honneurs.

ÉLISABETH D'AUTRICHE.
(SISSI)
PIERRE MESSMER.
MARGUERITE YOURCENAR.
LADY DIANA.
MARGARET THATCHER.
SERGE GAINSBOURG.
PAUL VERLAINE.
FRANZ LISZT.
JOSÉPHINE DE
BEAUHARNAIS.
RODOLPHE DE HABSBOURG.
GEORGES POMPIDOU.
JANE FONDA.
BJORN BORG.
FERNAND REYNAUD.
PIERRE MESSMER.

ALBIREO.
SIGNE.: VERSEAU.1.16.
NATURE.: VÉNUS/MERCURE.
DEGRÉS.: 301.16.
SIGNIFICATION.: Charme.
Prestance. Sens de l'hospitalité.
Amabilité. Talents. Amour des arts.
Problèmes affectifs.

JULES VERNE.
ELVIS PRESLEY.
GUISEPPE BALSAMO.
(CAGLIOSTRO)
MOLIÈRE.
ISAAC NEWTON.
SALVADOR DALI.
FRANÇOIS MITTERRAND.
WALT DISNEY.
RICHARD WAGNER.
ARTHUR RIMBAUD.
ALEXANDRE DUMAS.
ÉLISABETH TAYLOR.
ALFRED DE MUSSET.
ORSON WELLES.
CHARLES DE GAULLE.

ALDEBARAN.
SIGNE.: GÉMEAUX.9.46.
NATURE.: MARS.
DEGRÉS.: 69.46.
SIGNIFICATION.: Militarisme.
Honneurs publics. Violence.
Courage. Lutte. Les partis
politiques. Les ordres religieux et
autres associations de toutes
espèces.

JOHN KENNEDY.
FRANKLIN ROOSEVELT.
BENITO MUSSOLINI.
MAO TSE TOUNG.
JACQUES CHIRAC.
AGATHA CHRISTIE.
PABLO PICASSO.
LOUIS FERDINAND CÉLINE.
MARIA CALLAS.
BJORN BORG.
JEAN CLAUDE KILLY.
ÉLISABETH TAYLOR.
MARILYN MONROE.
MARGARET THATCHER.
CHARLES DE GAULLE.

ALDERAMIN.
SIGNE.: BÉLIER.12.50.
NATURE.: SATURNE/JUPITER.
DEGRÉS.: 12.50.
SIGNIFICATION.: Dignité. Vertu.
Patience. Implacable. Sens du
devoir. Épreuves difficiles.
Inquiétude. Austérité.

ALGEIBA.
SIGNE.: LION.29.35.
NATURE.: SATURNE/VÉNUS.
DEGRÉS.: 149.35.
SIGNIFICATION.: Belle réussite.
Prestige. Danger par les armes.
Risque de mort prématurée.
Risques d'accidents. Risque de
maladie.

ALGENIB.
SIGNE.: BÉLIER.9.09.
NATURE.: MARS/MERCURE.
DEGRÉS.: 9.09.
SIGNIFICATION.: Ambition.
Entêtement. Risques de chutes.
Violence. Courage. Épreuves
difficiles. Vanité. Caprice.
Déshonneur. Réussite sociale.

CHARLES BAUDELAIRE.
VICTOR HUGO.
ORSON WELLES.
JAMES DEAN.
CARL JUNG.
JIMMY CARTER.
SERGE GAINSBOURG.
PAUL VERLAINE.
JACQUELINE ONASSIS.
MARIA CALLAS.
CATHERINE DENEUVE.
HENRI CHARRIÈRE.
GÉRARD PHILIPPE.
JEAN-PAUL SARTRE.
JEAN-PAUL II.
JOHN FITZGERALD
KENNEDY.
HENRI DE
TOULOUSE-LAUTREC.
ÉDITH PIAF.
MARGUERITE YOURCENAR.
LADY DIANA.
MARGARET THATCHER.
SERGE GAINSBOURG.
FRANZ LISZT.
JOSÉPHINE DE
BEAUHARNAIS.
RODOLPHE DE HABSBOURG.
GEORGES POMPIDOU.
RAMAKRISHNA.
PIERRE BRASSEUR.
FERNAND REYNAUD.
JACQUES BREL.

GANDHI.
VINCENT VAN GOGH.
JIMMY CARTER.
JACQUES BREL.
BERNARD TAPIE.
BJORN BORG.
RICHARD NIXON.
RUDYARD KIPLING.
SERGE LAMA.
LOUIS II DE BAVIÈRE.
BO DEREK.
RICHARD CHAMBERLAIN.
HENRI DE
TOULOUSE-LAUTREC.
JEAN-PAUL II.
ABRAHAM LINCOLN.

ALGOL.
SIGNE.: TAUREAU.26.10.
NATURE.: SATURNE/JUPITER.
DEGRÉS.: 56.10.
SIGNIFICATION.: Sentence fatale.
Fin de vie brutale. Prédestination
bonne ou mauvaise selon le cas.
Bouleversement. Épreuves difficiles
à surmonter.

ALHENA.
SIGNE.: CANCER.9.06.
NATURE.: MERCURE/VÉNUS.
DEGRÉS.: 99.06.
SIGNIFICATION.: Honneurs avec
risques de chutes. Les plaisirs. Le
luxe et la luxure. Les arts.
Désagréments. Chagrin.

ALIOTH.
SIGNE.: VIERGE.8.51.
NATURE.: MARS/MERCURE.
DEGRÉS.: 158.51.
SIGNIFICATION.: Magnétisme.
Persévérance. Passion. Grandes
difficultés. Pertes. Imprévoyance.
Don de la parole et des
communications en général.

ADOLF HITLER.
JOHN FITZGERALD
KENNEDY.
ÉLISABETH D'AUTRICHE.
(SISSI)
SALVADOR DALI.
ÉLISABETH II.
GÉRARD DEPARDIEU.
GÉRARD DE NERVAL.
JACQUES CHIRAC.
PADRE PIO.
MARIA CALLAS.
FRANKLIN ROOSEVELT.
PABLO PICASSO.
LOUIS FERDINAND CÉLINE.
ARTHUR RIMBAUD.
JEAN-PAUL II.

JULES VERNE.
JEAN-PAUL II.
HONORÉ DE BALZAC.
FRANKLIN ROOSEVELT.
LOUIS II DE BAVIÈRE.
MARGUERITE YOURCENAR.
ALFRED DE MUSSET.
LADY DIANA.
LOUIS XIV.
BJORN BORG.
RUDYARD KIPLING.
MARCEL PROUST.
JACQUELINE ONASSIS.
MARQUIS DE SADE.
NAPOLÉON Ier.

ROBERT BOURASSA.
LOUIS PASTEUR.
GUISEPPE BALSAMO.
(CAGLIOSTRO)
VICTOR HUGO.
ALEXANDRE DUMAS.
ÉLISABETH TAYLOR.
BRIGITTE BARDOT.
ORSON WELLES.
SERGE GAINSBOURG.
JACQUES CHIRAC.
MARQUIS DE SADE.
MARIA CALLAS.
PADRE PIO.
BORIS VIAN.
ADOLF HITLER.

ALMACH.
SIGNE.: TAUREAU.14.11.
NATURE.: VÉNUS.
DEGRÉS.: 44.11.
SIGNIFICATION.: Arts. Beauté.
Honneurs. Amour du luxe. Craintes
chimériques. Changement
important. Bouleversement. Bonne
possibilité d'obtenir un très grand
succès dans la voie choisie.

ALNILAM.
SIGNE.: GÉMEAUX.23.27.
NATURE.: JUPITER/SATURNE.
DEGRÉS.: 83.27.
SIGNIFICATION.: Réussite par le
travail et le mérite personnel.
Coups de chances éphémères.
Honneurs publics.

ALNITACK.
SIGNE.: GÉMEAUX.24.41.
NATURE.: JUPITER/PLUTON.
DEGRÉS.: 84.41.
SIGNIFICATION.: Changement.
Révolution. Bouleversement.
Nouveauté. Prestige. Fluctuation
du destin. Possibilité de perte du
prestige. Isolement.

ÉLISABETH TAYLOR.
CATHERINE DENEUVE.
RUDYARD KIPLING.
EDGAR CAYCE.
SERGE LAMA.
FRANKLIN ROOSEVELT.
CARLOS CASTANEDA.
ALICE BAILEY.
ENRICO MACIAS.
WALT DISNEY.
HENRI DE
TOULOUSE-LAUTREC.
BERNARD HENRI LÉVY.
CARL JUNG.
HONORÉ DE BALZAC.
MOLIÈRE.

VINCENT VAN GOGH.
ISAAC NEWTON.
NAPOLÉON Ier.
GUILLAUME APOLLINAIRE.
GÉRARD DEPARDIEU.
CATHERINE DENEUVE.
JEAN CLAUDE KILLY.
FRANKLIN ROOSEVELT.
MAURICE THOREZ.
ORSON WELLES.
WALT DISNEY.
FERNANDEL.
HONORÉ DE BALZAC.
SIMONE DE BEAUVOIR.
CHARLES DE GAULLE.

VINCENT VAN GOGH.
ISAAC NEWTON.
FERNANDEL.
HONORÉ DE BALZAC.
FRANKLIN ROOSEVELT.
WALT DISNEY.
RICHARD WAGNER.
ORSON WELLES.
MARGARET THATCHER.
CARL JUNG.
CATHERINE DENEUVE.
HENRI CHARRIÈRE.
DUC DE WINDSOR.
RAMAKRISHNA.
NAPOLÉON Ier.

ALPHARD.
SIGNE.: LION.27.04.
NATURE.: SATURNE/VÉNUS.
DEGRÉS.: 147.04.
SIGNIFICATION.: Tendance à
l'immoralité. Entêtement. Réussite
sociale. Charme. Passions. Risque
d'empoisonnement.

MARILYN MONROE.
ABRAHAM LINCOLN.
MOLIÈRE.
GUILLAUME APOLLINAIRE.
JANE FONDA.
GÉRARD DEPARDIEU.
CATHERINE DENEUVE.
RICHARD WAGNER.
MARGARET THATCHER.
PAUL VERLAINE.
JOSÉPHINE DE
BEAUHARNAIS.
RASPOUTINE.
HONORÉ DE BALZAC.
FRANZ LISZT.
NAPOLÉON Ier.

ALPHECCA.
SIGNE.: SCORPION.12.15.
NATURE.: VÉNUS/MERCURE.
DEGRÉS.: 222.15.
SIGNIFICATION.: Dons artistiques.
Charme. Sens commercial.
Honneurs. Richesse. Amour des
belles choses. Élégance.

BRIGITTE BARDOT.
RUDYARD KIPLING.
MICHÈLE MORGAN.
RENÉ BARJAVEL.
ANDRÉ MALRAUX.
BORIS VIAN.
GEORGES MOUSTAKI.
SYLVIE VARTAN.
JEAN GIONO.
BOB DYLAN.
LOUIS FERDINAND CÉLINE.
HENRI DE
TOULOUSE-LAUTREC.
SERGE REGGIANI.
JACQUES DUTRONC.
ÉLISABETH TAYLOR.

ALPHERAT.
SIGNE.: BÉLIER.14.18.
NATURE.: JUPITER/VÉNUS.
DEGRÉS.: 14.18.
SIGNIFICATION.: Amour. Richesse.
Grande possibilité d'élévation.
Intelligence. Indépendance. Risque
d'accident. Foi.

VICTOR HUGO.
LOUIS II DE BAVIÈRE.
BLAISE CENDRARS.
RICHARD CHAMBERLAIN.
ÉLISABETH D'AUTRICHE.
(SISSI)
ENRICO MACIAS.
JACQUES COUSTEAU.
SERGE REGGIANI.
JEAN-PAUL SARTRE.
JIMMY CARTER.
JAMES DEAN.
ISAAC NEWTON.
GUILLAUME APOLLINAIRE.
CATHERINE DENEUVE.
BRIGITTE BARDOT.

ALTAIR.
SIGNE.: VERSEAU.1.45.
NATURE.: MARS/JUPITER.
DEGRÉS.: 301.45.
SIGNIFICATION.: Grande ambition.
Courage. Confiance.
Bouleversement. Tendance à la
révolte. Risque de trahison et de
tromperie. Leadership. Autoritaire.

ANON-AUSTRAL.
SIGNE.: LION.8.32.
NATURE.: MARS/SOLEIL.
DEGRÉS.: 128.32.
SIGNIFICATION.: Fièvres.
Agressivité. Risque d'aveuglement.
Besoin de paraître. Satisfaction.
Succès. Passion. Risque de chute
et de déchéance.

ANON-NORD.
SIGNE.: LION.7.32.
NATURE.: MARS/SOLEIL.
DEGRÉS.: 127.32.
SIGNIFICATION.: Nature charitable
et serviable. Tendance à la fraude.
Risque de brûlure et de mort
prématurée. Force de caractère.
Belle réussite.

CHARLES DE GAULLE.
ELVIS PRESLEY.
JANE FONDA.
WALT DISNEY.
JACQUES CHIRAC.
ISAAC NEWTON.
FRANÇOIS MITTERRAND.
ÉLISABETH TAYLOR.
LADY DIANA.
RICHARD WAGNER.
RODOLPHE DE HABSBOURG.
MOLIÈRE.
MARGARET THATCHER.
MARILYN MONROE.
NAPOLÉON Ier.

HITLER.
LOUIS XIV.
BENITO MUSSOLINI.
RASPOUTINE.
DREYFUS.
GRACE DE MONACO.
CHARLES FOUCAULT.
BRIGITTE BARDOT.
CHARLES CHAPLIN.
BERNARD TAPIE.
GIUSEPPE VERDI.
JEAN-CLAUDE KILLY.
ELVIS PRESLEY.
SALVADOR DALI.
NAPOLÉON Ier.

ADOLF HITLER.
LOUIS PASTEUR.
FERNANDEL.
RASPOUTINE.
RICHARD WAGNER.
PABLO PICASSO.
MARIE BETSERA.
LADY DIANA.
BERNARD TAPIE.
JACQUELINE ONASSIS.
RODOLPHE DE HABSBOURG.
HENRI CHARRIÈRE.
DUC DE WINDSOR.
PIERRE BRASSEUR.
BENITO MUSSOLINI.

ANTARES.
SIGNE.: SAGITTAIRE.9.44.
NATURE.: MARS/JUPITER.
DEGRÉS.: 249.44.
SIGNIFICATION.: Ambition.
Audace. Succès. Imprudence.
Obstination. Recherche de la
gloire. Risque de mort prématurée.

PABLO PICASSO.
SALVADOR DALI.
HENRI DE
TOULOUSE-LAUTREC.
JEAN-PAUL II.
BERNADETTE SOUBIROU.
FRANKLIN ROOSEVELT.
ABRAHAM LINCOLN.
JACQUES CHIRAC.
PATRICK SABATIER.
ARTHUR RIMBAUD.
MARIA CALLAS.
MARILYN MONROE.
ÉLISABETH TAYLOR.
FRÉDÉRIC CHOPIN.
SIGMUND FREUD.

ARCTURUS.
SIGNE.: BALANCE.24.13.
NATURE.: MARS/JUPITER.
DEGRÉS.: 204.13.
SIGNIFICATION.: Honneurs.
Gloire. Voyages. Fortune. Chance.
Prospérité. Recherche de la gloire.
Risque de procès et de problèmes
liés à la réussite sociale.

CHARLES DE GAULLE.
MAO TSE TOUNG.
ROBERT BOURASSA.
RASPOUTINE.
MARCEL PROUST.
NAPOLÉON Ier.
SIGMUND FREUD.
PABLO PICASSO.
JACQUES CHIRAC.
GÉRARD DEPARDIEU.
MARGARET THATCHER.
ARTHUR RIMBAUD.
AGATHA CHRISTIE.
ISAAC NEWTON.
FRANÇOIS MITTERRAND.

ARMUS.
SIGNE.: VERSEAU.12.45.
NATURE.: MARS/MERCURE.
DEGRÉS.: 312.45.
SIGNIFICATION.: Tempérament
instable et querelleur. Tendance à
l'imprudence. Risque de blessure.
Caractère pénible avec des
tendances joviales.

CHARLES DE GAULLE.
MARILYN MONROE.
FRANKLIN ROOSEVELT.
VICTOR HUGO.
ALEXANDRE DUMAS.
JACQUES OFFENBACH.
MARGUERITE YOURCENAR.
ÉDITH PIAF.
VALÉRY GISCARD
D'ESTAING.
GRACE DE MONACO.
JACQUELINE ONASSIS.
CHRISTINE DE SUÈDE.
MARIA CALLAS.
CATHERINE DENEUVE.
VINCENT VAN GOGH.

ARNEB.
SIGNE.: GÉMEAUX.21.23.
NATURE.: MERCURE/SATURNE.
DEGRÉS.: 81.23.
SIGNIFICATION.: Agilité.
Fécondité. Doute. Impatience.
Fébrilité. Risque de chute et
d'emprisonnement. Promptitude.
Don de la parole et de l'écriture.

ASCELLA.
SIGNE.: CAPRICORNE.13.38.
NATURE.: JUPITER/MERCURE.
DEGRÉS.: 283.38.
SIGNIFICATION.: Grande réussite.
Fortune. Bonheur. Chance. Agilité.
Forte passion. Sens du sacrifice.
Vivacité d'esprit.

AGATHA CHRISTIE.
SALVADOR DALI.
MARGUERITE YOURCENAR.
ALFRED DE MUSSET.
ORSON WELLES.
LADY DIANA.
VALÉRY GISCARD
D'ESTAING.
JACQUELINE ONASSIS.
MARQUIS DE SADE.
RODOLPHE DE HABSBOURG.
PIERRE MESSMER.
BJORN BORG.
HENRI CHARRIÈRE.
CHARLES DE FOUCAULD.
GUISEPPE BALSAMO.
(CAGLIOSTRO)

FRÉDÉRIC CHOPIN.
CHARLES BEAUDELAIRE.
RICHARD WAGNER.
ALEXANDRE DUMAS.
MARGUERITE YOURCENAR.
ORSON WELLES.
MARGARET THATCHER.
GEORGES POMPIDOU.
VALÉRY GISCARD
D'ESTAING.
JIMMY CARTER.
JACQUES CHIRAC.
RUDYARD KIPLING.
CATHERINE DENEUVE.
DUC DE WINDSOR.
MARILYN MONROE.

BATEN-KAITOS.
SIGNE.: BÉLIER.21.46.
NATURE.: SATURNE.
DEGRÉS.: 21.46.
SIGNIFICATION.: Déportation.
Émigration. Accident. Risques de
chutes avec des blessures. Départ
difficile. Risques d'isolement.
Épreuves difficiles.

BELLATRIX.
SIGNE.: GÉMEAUX.20.55.
NATURE.: MARS/MERCURE.
DEGRÉS.: 80.55.
SIGNIFICATION.: Riche mariage.
Honneurs. Amis éminents. Risques
de revers et d'accidents.
Ambivalence des sens et de la
personnalité.

BENETNASH.
SIGNE.: VIERGE.26.56.
NATURE.: MARS.
DEGRÉS.: 176.54.
SIGNIFICATION.: Hardiesse.
Combativité. Courage. Tendance à
la révolte. Risque de mort
prématurée. Colère. Rancune.

GANDHI.
JOHN FITZGERALD
KENNEDY.
CHARLES DE GAULLE.
HÉLÈNE GUIMET MARTY.
ÉLISABETH D'AUTRICHE.
(SISSI)
CHARLES BAUDELAIRE.
SIGMUND FREUD.
JACQUES OFFENBACH.
KARL MARX.
MARGUERITE YOURCENAR.
ORSON WELLES.
LADY DIANA.
JOSÉPHINE DE
BEAUHARNAIS.
MARGARET THATCHER.
NAPOLÉON Ier.

LINDA RONDSTADT.
FARRAH FAWCETT.
SALVADOR DALI.
JACQUELINE ONASSIS.
MARGUERITE YOURCENAR.
GEORGE SAND.
CATHERINE DENEUVE.
MICHÈLE MORGAN.
LADY DIANA.
WALT DISNEY.
ENRICO MACIAS.
BJORN BORG.
LOUIS PASTEUR.
VALÉRY GISCARD
D'ESTAING.
DUC DE WINDSOR.

LOUIS II DE BAVIÈRE.
ÉLISABETH TAYLOR.
BERNARD TAPIE.
PAUL VERLAINE.
RODOLPHE DE HABSBOURG.
ANASTASIA.
GÉRARD PHILIPPE.
BOB DYLAN.
CHRISTOPHE LAMBERT.
JEAN COCTEAU.
JACQUES DUTRONC.
GEORGES MOUSTAKI.
HENRY DE MONTHERLANT.
JEAN GABIN.
SALVADOR DALI.

BERENICE.
SIGNE.: VIERGE.26.53.
NATURE.: LUNE/VÉNUS.
DEGRÉS.: 176.53.
SIGNIFICATION.: Voyages. Piété.
Coups de chance. Gains.
Occultisme. Magnétisme. Risque
de problèmes psychologiques.

B

BETELGEUSE.
SIGNE.: GÉMEAUX.28.44.
NATURE.: MARS/MERCURE.
DEGRÉS.: 88.44.
SIGNIFICATION.: Grande réussite.
Forte indication de richesse.
Chance. Risque de brûlure. Danger
par la foudre. Don.

BOS.
SIGNE.: VERSEAU.5.13.
NATURE.: SATURNE/VÉNUS.
DEGRÉS.: 305.13.
SIGNIFICATION.: Patience.
Persévérance. Force du
raisonnement. Habile. Actif.
Intelligence. Force de caractère.
Foi.

ALEXANDRE DUMAS.
FRANKLIN ROOSEVELT.
WALT DISNEY.
SIGMUND FREUD.
BOB DYLAN.
FRANÇOISE ROBIN.
BO DEREK.
PHILIPPE BOUVARD.
HENRY DE MONTHERLANT.
PAUL VERLAINE.
GUISEPPE BALSAMO.
(CAGLIOSTRO)
JEAN GABIN.
ORSON WELLES.
CHRISTOPHE LAMBERT.
NAPOLÉON Ier.

JACQUES COUSTEAU.
SALVADOR DALI.
JEAN GABIN.
JANE FONDA.
MARIA CALLAS.
GÉRARD DEPARDIEU.
SIGMUND FREUD.
FRANKLIN ROOSEVELT.
ROBERT BOURASSA.
RICHARD NIXON.
SERGE GAINSBOURG.
CATHERINE DENEUVE.
FERNANDEL.
LOUIS PASTEUR.
GANDHI.

LOUIS PASTEUR.
AGATHA CHRISTIE.
RICHARD WAGNER.
PABLO PICASSO.
LADY DIANA.
BERNARD TAPIE.
VALÉRY GISCARD
D'ESTAING.
JACQUELINE ONASSIS.
LOUIS XIV.
MARIA CALLAS.
RODOLPHE DE HABSBOURG.
JANE FONDA.
RAMAKRISHNA.
ANASTASIA.
ADOLF HITLER.

BUNGALA.
SIGNE.: SCORPION.29.44.
NATURE.: VÉNUS/JUPITER.
DEGRÉS.: 239.44.
SIGNIFICATION.: Belle réussite
sociale. Grande réalisation.
Protection. Chance. Honneurs.
Ambivalence du caractère.

CANOPUS.
SIGNE.: CANCER.14.58.
NATURE.: SATURNE/JUPITER.
DEGRÉS.: 104.58.
SIGNIFICATION.: Risques
d'accidents par les liquides.
Attention aux déplacements sur
l'eau ou dans l'eau. Fluctuation du
destin avec des hauts et des bas
inexplicables. Intelligence. Savoir.
Adaptabilité.

CAPELLA.
SIGNE.: GÉMEAUX.21.50.
NATURE.: MARS/MERCURE.
DEGRÉS.: 81.50.
SIGNIFICATION.: Persévérance.
Élévation. Réussite sociale.
Honneurs. Richesse. Protection.
Renommée. Inquiétude. Tendance
à l'arrivisme. Crainte utopique.
Esprit révolutionnaire et novateur.

JEAN PAUL II.
GIUSEPPE VERDI.
BRIGITTE BARDOT.
BJORN BORG.
RICHARD WAGNER.
JACQUES COUSTEAU.
VICTOR HUGO.
MAO TSE TOUNG.
AGATHA CHRISTIE.
MICHÈLE MORGAN.
WALT DISNEY.
CHARLES CHAPLIN.
ALAIN DELON.
MARIA CALLAS.
SALVADOR DALI.

FRANZ KAFKA.
PAUL VERLAINE.
ABRAHAM LINCOLN.
RICHARD NIXON.
JULES VERNE.
RASPOUTINE.
SERGE GAINSBOURG.
THOMAS MANN.
RICHARD CHAMBERLAIN.
DOCTEUR CARL JUNG.
SIGMUND FREUD.
JACQUES MARTIN.
MARGARET THATCHER.
JIMMY CARTER.
ADOLF HITLER.

VINCENT VAN GOGH.
MOLIÈRE.
CATHERINE DENEUVE.
LINDA RONDSTADT.
MICHÈLE MORGAN.
FRANKLIN ROOSEVELT.
RICHARD STRAUSS.
AGATHA CHRISTIE.
LADY DIANA.
SOPHIE MARCEAU.
ALFRED DE MUSSET.
ORSON WELLES.
TEILHARD DE CHARDIN.
JACQUELINE ONASSIS.
CHARLES DE GAULLE.

CAPHIR.
SIGNE.: BALANCE.10.11.
NATURE.: MERCURE/VÉNUS.
DEGRÉS.: 190.11.
SIGNIFICATION.: Courtoisie.
Intuition. Sens des relations.
Amabilité. Amour des
déplacements et des voyages.

RICHARD NIXON.
VICTOR HUGO.
ARTHUR RIMBAUD.
CHARLES CHAPLIN.
MARGARET THATCHER.
BERNARD TAPIE.
VALÉRY GISCARD
D'ESTAING.
JIMMY CARTER.
PAUL VERLAINE.
MARIA CALLAS.
BJORN BORG.
PADRE PIO.
JACQUES BREL.
JEAN GIONO.
VINCENT VAN GOGH.

CAPULUS.
SIGNE.: TAUREAU.25.11.
NATURE.: MARS/SATURNE.
DEGRÉS.: 55.11.
SIGNIFICATION.: Risque de cécité.
Force. Tendance aux mensonges.
Intelligence. Hardiesse.
Combativité. Recherche de la gloire
et des honneurs. Succès.

JOHN FITZGERALD
KENNEDY.
LOUIS PASTEUR.
AGATHA CHRISTIE.
MOLIÈRE.
ÉLISABETH D'AUTRICHE.
(SISSI)
SALVADOR DALI.
ALEXANDRE DUMAS.
PABLO PICASSO.
KARL MARX.
ALFRED DE MUSSET.
ORSON WELLES.
LADY DIANA.
BERNARD TAPIE.
ARTHUR RIMBAUD.
ADOLF HITLER.

CASTOR.
SIGNE.: CANCER.20.13.
NATURE.: MERCURE.
DEGRÉS.: 110.13.
SIGNIFICATION.: Réussite sociale.
Voyage. Subtilité d'esprit.
Distinction. Risque de violence.
Ruse. Maladie. Difficultés. Risque
de perte du prestige.

ROBERT BOURASSA.
ELVIS PRESLEY.
MARILYN MONROE.
BRIGITTE BARDOT.
ÉLISABETH II.
ÉLISABETH TAYLOR.
JACQUELINE ONASSIS.
BERNARD TAPIE.
BJORN BORG.
JACQUES CHIRAC.
RICHARD NIXON.
BENITO MUSSOLINI.
MAO TSE TOUNG.
CHRISTOPHE LAMBERT.
NAPOLÉON Ier.

CASTRA.
SIGNE.: VERSEAU.20.11.
NATURE.: MARS/MERCURE.
DEGRÉS.: 320.11.
SIGNIFICATION.: Difficultés.
Risques de blessures.
Tempérament belliqueux et brave.
Désirs puissants. Persévérance.

JEAN-PAUL II.
ROBERT BOURASSA.
ÉLISABETH D'AUTRICHE.
(SISSI)
JACQUES OFFENBACH.
PIERRE MESSMER.
JIMMY CARTER.
JACQUES CHIRAC.
MAO TSE TOUNG.
CHRISTINE DE SUÈDE.
CHARLES DE FOUCAULD.
FERNAND REYNAUD.
BERNADETTE SOUBIROU.
BORIS VIAN.
JEAN-PAUL SARTRE.
JULES VERNE.

CHEDIR.
SIGNE.: TAUREAU.7.49.
NATURE.: VÉNUS/SATURNE.
DEGRÉS.: 37.49.
SIGNIFICATION.: Orgueil. Sens du
devoir. Recherche. Autorité.
Pouvoir. Forte passion. Richesse
par acquisition.

VINCENT VAN GOGH.
GANDHI.
ROBERT BOURASSA.
ABRAHAM LINCOLN.
SALVADOR DALI.
FRANKLIN ROOSEVELT.
RICHARD NIXON.
RICHARD WAGNER.
JACQUES OFFENBACH.
MARGUERITE YOURCENAR.
ALFRED DE MUSSET.
ORSON WELLES.
JIMMY CARTER.
PAUL VERLAINE.
BENITO MUSSOLINI.

COPULA.
SIGNE.: VIERGE.25.11.
NATURE.: VÉNUS/MERCURE.
DEGRÉS.: 175.11.
SIGNIFICATION.: Fortes passions.
Risque d'aveuglement. Entraves.
Spéculations. Subtilité d'esprit.
Bonne mémoire.

GUILLAUME APOLLINAIRE.
FRANKLIN ROOSEVELT.
WALT DISNEY.
ORSON WELLES.
SERGE GAINSBOURG.
PAUL VERLAINE.
RODOLPHE DE HABSBOURG.
CHARLES DE FOUCAULD.
RAMAKRISHNA.
PIERRE BRASSEUR.
BOB DYLAN.
JACQUES DUTRONC.
GEORGES MOUSTAKI.
JEAN GABIN.
AGATHA CHRISTIE.

DABIH.
SIGNE.: VERSEAU.4.02.
NATURE.: VÉNUS/SATURNE.
DEGRÉS.: 304.02.
SIGNIFICATION.: Inspiration.
Mélancolie. Passion. Mysticisme.
Emballement. Être sensible et
émotif. Bouleversements.

DENEB-ADIGE.
SIGNE.: POISSONS.5.22.
NATURE.: VÉNUS/MERCURE.
DEGRÉS.: 335.22.
SIGNIFICATION.: Goût pour les
études. Amour du savoir.
Recherche. Onirisme.
Contemplation. Problèmes affectifs.

DENEB-ALGENIB.
SIGNE.: VERSEAU.23.31.
NATURE.: SATURNE/MERCURE.
DEGRÉS.: 323.31.
SIGNIFICATION.:
Emprisonnement. Passion.
Obstination. Mensonge.
Déshonneur. Très grande
alternance des événements qui
peuvent favoriser une belle réussite.

ADOLF HITLER.
GANDHI.
LOUIS PASTEUR.
RICHARD NIXON.
ARTHUR RIMBAUD.
BERNADETTE SOUBIROU.
VICTOR HUGO.
PABLO PICASSO.
AGATHA CHRISTIE.
DUC DE WINDSOR.
MARIA CALLAS.
RODOLPHE DE HABSBOURG.
RAMAKRISHNA.
PADRE PIO.
THÉRÈSE D'AVILA.

FRANZ KAFKA.
FRANÇOIS MITTERRAND.
MARILYN MONROE.
ISAAC NEWTON.
FRÉDÉRIC CHOPIN.
GUILLAUME APOLLINAIRE.
ARTHUR RIMBAUD.
LOUIS FERDINAND CÉLINE.
JEAN CLAUDE KILLY.
FRANÇOISE SAGAN.
ANDRÉ MALRAUX.
RAMAKRISHNA.
JIMMY CARTER.
MARIA CALLAS.
JEAN-PAUL II.

JOHN FITZGERALD
KENNEDY.
SALVADOR DALI.
FRÉDÉRIC CHOPIN.
ABRAHAM LINCOLN.
ÉLISABETH II.
GUILLAUME APOLLINAIRE.
PAUL VERLAINE.
JACQUES CHIRAC.
JULES VERNE.
LOUIS II DE BAVIÈRE.
KARL MARX.
MAO TSE TOUNG.
DOCTEUR CARL JUNG.
SIGMUND FREUD.
NAPOLÉON Ier.

DENEB.
SIGNE.: CAPRICORNE.19.48.
NATURE.: MARS/JUPITER.
DEGRÉS.: 289.48.
SIGNIFICATION.: Autorité.
Hardiesse et combativité.
Tempérament dominateur. Chance.
Belle réussite sociale. Succès.

DENEBOLA.
SIGNE.: VIERGE.21.23.
NATURE.: SATURNE/VÉNUS.
DEGRÉS.: 171.23.
SIGNIFICATION.: Difficultés
personnelles. Regrets. Personnalité
attachante. Foi. Générosité.
Serviabilité. Magnétisme. Épreuve
et infortune par les éléments de la
nature.

DIPHDA.
SIGNE.: BÉLIER.2.33.
NATURE.: SATURNE.
DEGRÉS.: 2.33.
SIGNIFICATION.: Dignité. Prestige.
Labeur. Maladie. Isolement. Risque
de mort prématurée. Nature
sensible. Charitable.
Bouleversements. Contraintes.

NAPOLÉON Ier.
RICHARD NIXON.
MAO TSE TOUNG.
ÉLISABETH II.
ROBERT BOURASSA.
ISAAC NEWTON.
JULES VERNE.
SALVADOR DALI.
MARCEL PROUST.
ARTHUR RIMBAUD.
FRANZ LISZT.
ELVIS PRESLEY.
MARILYN MONROE.
ÉLISABETH TAYLOR.
LOUIS XIV.

FRANKLIN ROOSEVELT.
ROBERT BOURASSA.
JACQUES CHIRAC.
VICTOR HUGO.
BENITO MUSSOLINI.
AGATHA CHRISTIE.
CHARLES DE FOUCAULD.
ÉLISABETH D'AUTRICHE.
(SISSI)
BRIGITTE BARDOT.
MARIA CALLAS.
JANE FONDA.
ELVIS PRESLEY.
JIMMY CARTER.
SERGE GAINSBOURG.
FRANÇOIS MITTERRAND.

FRANZ KAFKA.
LOUIS PASTEUR.
MARILYN MONROE.
GANDHI.
ISAAC NEWTON.
FRÉDÉRIC CHOPIN.
JACQUES OFFENBACH.
BERNADETTE SOUBIROU.
ARTHUR RIMBAUD.
PAUL VERLAINE.
SERGE GAINSBOURG.
CHARLES BAUDELAIRE.
LOUIS FERDINAND CÉLINE.
FRANÇOIS MITTERRAND.
CHARLES DE GAULLE.

DIRAH.
SIGNE.: CANCER.5.18.
NATURE.: MERCURE/VÉNUS.
DEGRÉS.: 95.18.
SIGNIFICATION.: Force intérieure.
Charme. Pouvoir mystique.
Protection. Risque de maladie et
d'invalidité. Chagrins.

ÉLISABETH D'AUTRICHE.
(SISSI)
ISAAC NEWTON.
ÉLISABETH II.
HONORÉ DE BALZAC.
SALVADOR DALI.
FRANÇOIS MITTERRAND.
FRANKLIN ROOSEVELT.
VICTOR HUGO.
MARGUERITE YOURCENAR.
ORSON WELLES.
LADY DIANA.
MARGARET THATCHER.
BERNARD TAPIE.
ÉDITH PIAF.
GUISEPPE BALSAMO.
(CAGLIOSTRO)

DORSUM.
SIGNE.: VERSEAU.13.49.
NATURE.: MARS/MERCURE.
DEGRÉS.: 313.49.
SIGNIFICATION.: Début de vie
difficile. Risque de tromperie.
Tracas d'ordre général.
Combativité. Simplicité. Amour des
voyages et de l'eau. Grand risque
de mort prématurée.

JOHN FITZGERALD
KENNEDY.
ROBERT BOURASSA.
FRANKLIN ROOSEVELT.
RICHARD NIXON.
VICTOR HUGO.
ALEXANDRE DUMAS.
JACQUES OFFENBACH.
ORSON WELLES.
ÉDITH PIAF.
CARL JUNG.
VALÉRY GISCARD
D'ESTAING.
GRACE DE MONACO.
JACQUELINE ONASSIS.
MARIA CALLAS.
MARILYN MONROE.

DUBHE.
SIGNE.: LION.15.14.
NATURE.: JUPITER/MARS.
DEGRÉS.: 135.14.
SIGNIFICATION.: Grandeur et
risque de chute proportionnelle.
Danger par les armes et le feu.
Nature colérique et rancunière.
Grands bouleversements.

JOHN FITZGERALD
KENNEDY.
RICHARD NIXON.
MAO TSE TOUNG.
ROBERT BOURASSA.
JAMES DEAN.
FRÉDÉRIC CHOPIN.
ÉLISABETH TAYLOR.
MARILYN MONROE.
GUILLAUME APOLLINAIRE.
VALÉRY GISCARD
D'ESTAING.
ALEXANDRE DUMAS.
JULES VERNE.
JACQUES OFFENBACH.
JIMMY CARTER.
ADOLF HITLER.

EL-NATH.
SIGNE.: GÉMEAUX.22.32.
NATURE.: MARS.
DEGRÉS.: 82.32.
SIGNIFICATION.: Satisfaction.
Réussite. Combativité. Risques de
chutes avec blessures. Noblesse
de caractère. Sens de la
magnanimité. Nature généreuse.

FRANKLIN ROOSEVELT.
MOLIÈRE.
VINCENT VAN GOGH.
CHARLES DE FOUCAULD.
CATHERINE DENEUVE.
SOPHIE MARCEAU.
JEAN-PAUL SARTRE.
JACQUELINE ONASSIS.
ORSON WELLES.
BOB DYLAN.
MAURICE THOREZ.
ALFRED DE MUSSET.
LADY DIANA.
BJORN BORG.
CHARLES DE GAULLE.

FACIES.
SIGNE.: CAPRICORNE.9.51.
NATURE.: SOLEIL/MARS.
DEGRÉS.: 279.51.
SIGNIFICATION.: Désir de gloire.
Goût du risque. Amour des défis.
Imprudence. Risque de cécité.
Perte du prestige. Risque de mort
prématurée.

JOHN FITZGERALD
KENNEDY.
LOUIS PASTEUR.
RASPOUTINE.
WALT DISNEY.
LOUIS II DE BAVIÈRE.
CHARLES CHAPLIN.
MARGUERITE YOURCENAR.
ALFRED DE MUSSET.
LADY DIANA.
JAMES DEAN.
CARL JUNG.
GRACE DE MONACO.
RUDYARD KIPLING.
LOUIS XIV.
ADOLF HITLER.

FOMALHAUT.
SIGNE.: POISSONS.3.49.
NATURE.: VÉNUS.
DEGRÉS.: 333.49.
SIGNIFICATION.: Grande
renommée. Gloire. Réussite. Don.
Caractère atrabilaire et difficile à
vivre. Magnétisme.

FORAMEN.
SIGNE.: BALANCE.23.06.
NATURE.: SATURNE/JUPITER.
DEGRÉS.: 203.06.
SIGNIFICATION.: Réussite par les
acquisitions. Élévation. Risque de
chute. Mysticisme. Problèmes
visuels. Voyages. Amour de l'eau.

GIEDI.
SIGNE.: VERSEAU.3.51.
NATURE.: VÉNUS/MARS.
DEGRÉS.: 303.51.
SIGNIFICATION.: Piété. Sens du
sacrifice. Combativité. Mysticisme.
Bienveillance. Succès. Honneurs.
Renommée. Épreuves.

CHARLES DE GAULLE.
BENITO MUSSOLINI.
RICHARD NIXON.
ISAAC NEWTON.
FRÉDÉRIC CHOPIN.
VICTOR HUGO.
VINCENT VAN GOGH.
AGATHA CHRISTIE.
ALEXANDRE DUMAS.
HONORÉ DE BALZAC.
SALVADOR DALI.
ELVIS PRESLEY.
GUISEPPE BALSAMO.
(CAGLIOSTRO)
MARGARET THATCHER.
FRANÇOIS MITTERRAND.

JOHN FITZGERALD
KENNEDY.
CHARLES DE GAULLE.
JEAN-PAUL II.
ROBERT BOURASSA.
ÉLISABETH D'AUTRICHE.
(SISSI)
SIGMUND FREUD.
RASPOUTINE.
KARL MARX.
MARGUERITE YOURCENAR.
LADY DIANA.
ARTHUR RIMBAUD.
MARGARET THATCHER.
PAUL VERLAINE.
MARCEL PROUST.
NAPOLÉON Ier.

THÉRÈSE D'AVILA.
RAMAKRISHNA.
BERNADETTE SOUBIROU.
RICHARD NIXON.
VICTOR HUGO.
DUC DE WINDSOR.
JANE FONDA.
ARTHUR RIMBAUD.
RODOLPHE DE HABSBOURG.
GÉRARD DEPARDIEU.
PADRE PIO.
AGATHA CHRISTIE.
ANASTASIA.
PABLO PICASSO.
GANDHI.

GRAFFIA.
SIGNE.: SAGITTAIRE.3.10.
NATURE.: MARS/SATURNE.
DEGRÉS.: 243.10.
SIGNIFICATION.: Caractère
violent. Tendance à la fourberie.
Malice. Risques de maladie.
Grande force de caractère.

FRANÇOIS MITTERRAND.
GANDHI.
PABLO PICASSO.
HENRI DE
TOULOUSE-LAUTREC.
JULES VERNE.
FERNANDEL.
ISAAC NEWTON.
SERGE REGGIANI.
FRÉDÉRIC CHOPIN.
GÉRARD DEPARDIEU.
GÉRARD PHILIPPE.
MARIA CALLAS.
MARGUERITE YOURCENAR.
MARGARET THATCHER.
CHARLES DE GAULLE.

HAMAL.
SIGNE.: TAUREAU.7.39.
NATURE.: MARS/SATURNE.
DEGRÉS.: 37.39.
SIGNIFICATION.: Possibilité
d'accident. Violence. Destruction.
Maladie. Perte du prestige.
Timidité. Risque de mort
prématurée. Réussite. Prestige.
Honneurs.

ABRAHAM LINCOLN.
BENITO MUSSOLINI.
FRANKLIN ROOSEVELT.
RICHARD NIXON.
MAO TSE TOUNG.
ROBERT BOURASSA.
LOUIS II DE BAVIÈRE.
RODOLPHE DE HABSBOURG.
GRACE DE MONACO.
MARIA CALLAS.
CHARLES DE FOUCAULD.
ELVIS PRESLEY.
MARILYN MONROE.
JACQUES BREL.
GANDHI.

HAN.
SIGNE.: SAGITTAIRE.9.11.
NATURE.: SATURNE/VÉNUS.
DEGRÉS.: 249.11.
SIGNIFICATION.: Magnétisme.
Réussite. Don. Sens artistique.
Grande activité. Épreuves.
Difficultés. Maladie. Risque de
disgrâce. Risque de mort
prématurée.

MARILYN MONROE.
JACQUES BREL.
HENRI DE
TOULOUSE-LAUTREC.
JOSÉPHINE DE
BEAUHARNAIS.
LOUIS FERDINAND CÉLINE.
PAUL VERLAINE.
ARTHUR RIMBAUD.
FRÉDÉRIC CHOPIN.
FRANZ LISZT.
MARIA CALLAS.
PABLO PICASSO.
ABRAHAM LINCOLN.
FRANKLIN ROOSEVELT.
FRANÇOIS MITTERRAND.
JEAN-PAUL II.

ISIDIS.
SIGNE.: SAGITTAIRE.2.34.
NATURE.: MARS/SATURNE.
DEGRÉS.: 242.34.
SIGNIFICATION.: Réaction rapide.
Audace. Persévérance. Tendances
à la cruauté. Impudence.
Mensonge. Opiniâtreté.

KAUS-MEDIA.
SIGNE.: CAPRICORNE.4.35.
NATURE.: JUPITER/MARS.
DEGRÉS.: 274.35.
SIGNIFICATION.: Réussite sociale.
Désir de gloire. Danger par les
armes et le feu. Risque de
tromperie. Risques de mort
prématurée.

KHAMBALLA.
SIGNE.: SCORPION.6.58.
NATURE.: MERCURE/MARS.
DEGRÉS.: 216.58.
SIGNIFICATION.: Spontanéité.
Rébellion. Mobilité. Tempérament
batailleur avec tendance colérique.
Difficultés dans les relations avec
l'entourage. Forte tendance à
l'isolement.

HENRI DE
TOULOUSE-LAUTREC.
VICTOR HUGO.
RICHARD WAGNER.
PABLO PICASSO.
MARGUERITE YOURCENAR.
ALFRED DE MUSSET.
JAMES DEAN.
MARGARET THATCHER.
GRACE DE MONACO.
CHRISTINE DE SUÈDE.
MARIA CALLAS.
RODOLPHE DE HABSBOURG.
BOB DYLAN.
JEAN-MARIE LE PEN.
JULES VERNE.

GUISEPPE BALSAMO.
(CAGLIOSTRO)
CHARLES BAUDELAIRE.
ÉLISABETH D'AUTRICHE
(SISSI).
FRANÇOIS MITTERRAND.
RASPOUTINE.
VICTOR HUGO.
KARL MARX.
PIERRE MESSMER.
MAO TSE TOUNG.
JOSÉPHINE DE
BEAUHARNAIS.
CHRISTINE DE SUÈDE.
DUC DE WINDSOR.
PIERRE BRASSEUR.
PADRE PIO.
LOUIS PASTEUR.

VINCENT VAN GOGH.
GANDHI.
MARILYN MONROE.
JEAN-PAUL II.
ELVIS PRESLEY.
ROBERT BOURASSA.
ABRAHAM LINCOLN.
FRANÇOIS MITTERRAND.
RICHARD NIXON.
ALFRED DE MUSSET.
BERNARD TAPIE.
VALÉRY GISCARD
D'ESTAING.
JIMMY CARTER.
MARIA CALLAS.
BENITO MUSSOLINI.

KIFA-AUSTRALE.
SIGNE.: SCORPION.15.04.
NATURE.: JUPITER/MARS.
DEGRÉS.: 225.04.
SIGNIFICATION.: Réussite sociale.
Risque d'intoxication. Grande
possibilité de perte du prestige.
Bouleversements.

KIFA-BORÉALE.
SIGNE.: SCORPION.19.08.
NATURE.: JUPITER/MARS.
DEGRÉS.: 229.08.
SIGNIFICATION.: Réussite.
Persévérance. Bonheur. Chance.
Grande ambition. Force de
caractère. Honneurs. Richesse
avec situation de premier rang.
Violence.

KORNEFOROS.
SIGNE.: SAGITTAIRE.1.04.
NATURE.: MERCURE/MARS.
DEGRÉS.: 241.04.
SIGNIFICATION.: Nature ardente.
Passion. Goût du risque.
Persévérance. Ténacité. Tendance
à la fourberie. Entêtement.

RICHARD NIXON.
NAPOLÉON I.
JEAN-PAUL II.
MOLIÈRE.
FRÉDÉRIC CHOPIN.
EDGAR CAYCE.
WALT DISNEY.
JULES VERNE.
JACQUELINE ONASSIS.
FRANÇOISE SAGAN.
GÉRARD DEPARDIEU.
CATHERINE DENEUVE.
JAMES DEAN.
MARGARET THATCHER.
MAO TSE TOUNG.

NAPOLÉON Ier.
JOHN FITZGERALD
KENNEDY.
GANDHI.
ISAAC NEWTON.
ELVIS PRESLEY.
JULES VERNE.
SIGMUND FREUD.
FRANZ LISZT.
ALEXANDRE DUMAS.
ÉLISABETH TAYLOR.
FRANKLIN ROOSEVELT.
BENITO MUSSOLINI.
JACQUELINE ONASSIS.
FERNANDEL.
CHARLES DE GAULLE.

VICTOR HUGO.
PABLO PICASSO.
BRIGITTE BARDOT.
GRACE DE MONACO.
RODOLPHE DE HABSBOURG.
BJORN BORG.
GEORGES SAND.
PHILIPPE BOUVARD.
SERGIO LEONE.
CHANTAL NOBEL.
GÉRARD DE NERVAL.
ALAIN DELON.
JACQUES COUSTEAU.
FRANÇOIS LÉOTARD.
MOLIÈRE.

L'EPI.
SIGNE.: BALANCE.23.51.
NATURE.: VÉNUS/SATURNE.
DEGRÉS.: 203.51.
SIGNIFICATION.: Réputation.
Succès. Arts. Sciences.
Renommée. Richesse. Chance.
Manque de scrupules. Donne une
certaine sévérité et des tendances
à avoir un comportement injuste
envers ses amis.

LA POLAIRE.
SIGNE.: GÉMEAUX.28.34.
NATURE.: SATURNE/VÉNUS.
DEGRÉS.: 88.34.
SIGNIFICATION.: Risque de
maladie et de ruine. Héritage
difficile. Magnétisme. Épreuves.
Risque de mort prématurée.

LABRUM.
SIGNE.: VIERGE.26.43.
NATURE.: VÉNUS/MERCURE.
DEGRÉS.: 176.43.
SIGNIFICATION.: Intelligence.
Honneurs. Pouvoir psychique.
Risque de disgrâce. Caractère
idéaliste. Grande richesse.

FRANÇOIS MITTERRAND.
NAPOLÉON Ier.
JEAN-PAUL II.
JOHN FITZGERALD
KENNEDY.
ROBERT BOURASSA.
JACQUES CHIRAC.
SIGMUND FREUD.
ISAAC NEWTON.
PABLO PICASSO.
MAO TSE TOUNG.
RASPOUTINE.
JOSÉPHINE DE
BEAUHARNAIS.
KARL MARX.
MARGUERITE YOURCENAR.
CHARLES DE GAULLE.

MAO TSE TOUNG.
FRANKLIN ROOSEVELT.
RICHARD STRAUSS.
JACQUES COUSTEAU.
SERGE GAINSBOURG.
CATHERINE DENEUVE.
BERNARD TAPIE.
LINDA RONDSTADT.
ANASTASIA.
LOUIS FERDINAND CELINE.
ISABELLE ADJANI.
GÉRARD PHILIPPE.
ARTHUR RIMBAUD.
JEAN-MARIE LE PEN.
ADOLF HITLER.

SIGMUND FREUD.
FRANKLIN ROOSEVELT.
WALT DISNEY.
ALEXANDRE DUMAS.
ÉLISABETH TAYLOR.
ORSON WELLES.
PAUL VERLAINE.
RODOLPHE DE HABSBOURG.
CHARLES DE FOUCAULD.
ANASTASIA.
BOB DYLAN.
JACQUES DUTRONC.
HENRY DE MONTHERLANT.
JEAN GABIN.
NAPOLÉON Ier.

LES HYADES.
SIGNE.: GÉMEAUX.5.48.
NATURE.: SATURNE/MERCURE.
DEGRÉS.: 65.48.
SIGNIFICATION.: Revers de
fortune. Chute. Risque de blessure
à la tête. Perte du prestige.
Problèmes de santé. Bonne
capacité d'adaptation aux
événements.

CHARLES DE GAULLE.
MARILYN MONROE.
ELVIS PRESLEY.
HENRI DE
TOULOUSE-LAUTREC.
ISAAC NEWTON.
FRÉDÉRIC CHOPIN.
CHARLES BAUDELAIRE.
FRANKLIN ROOSEVELT.
RICHARD WAGNER.
LOUIS II DE BAVIÈRE.
JOSÉPHINE DE
BEAUHARNAIS.
CHARLES CHAPLIN.
KARL MARX.
ALFRED DE MUSSET.
ADOLF HITLER.

LES PLÉIADES.
SIGNE.: GÉMEAUX.0.08.
NATURE.: LUNE/MARS.
DEGRÉS.: 60.08.
SIGNIFICATION.: Difficultés.
Problèmes de la vue. Risque
d'accident à la tête. Fluctuation du
destin. Courage. Fougue.
Élévation. Réussite.

GANDHI.
MAURICE THOREZ.
FRANKLIN ROOSEVELT.
LOUIS PASTEUR.
SIGMUND FREUD.
JOSÉPHINE DE
BEAUHARNAIS.
RICHARD WAGNER.
LOUIS II DE BAVIÈRE.
BENITO MUSSOLINI.
VICTOR HUGO.
ALEXANDRE DUMAS.
AGATHA CHRISTIE.
GUILLAUME APOLLINAIRE.
HONORÉ DE BALZAC.
ADOLF HITLER.

LESATH.
SIGNE.: SAGITTAIRE.24.11.
NATURE.: MERCURE/MARS.
DEGRÉS.: 264.11.
SIGNIFICATION.: Tendance à
l'immoralité. Danger par les
poisons et le feu. Foi. Caractère
intrigant et fourbe. Brutal.
Tempérament courageux.
Ambivalence.

ISAAC NEWTON.
GUILLAUME APOLLINAIRE.
HONORÉ DE BALZAC.
FRANKLIN ROOSEVELT.
WALT DISNEY.
RICHARD WAGNER.
JACQUES OFFENBACH.
MARGUERITE YOURCENAR.
ORSON WELLES.
CARL JUNG.
GRACE DE MONACO.
JACQUELINE ONASSIS.
FRANZ LISZT.
JANE FONDA.
VINCENT VAN GOGH.

LUSIS.
SIGNE.: GÉMEAUX.22.57.
NATURE.: JUPITER/SATURNE.
DEGRÉS.: 82.57.
SIGNIFICATION.: Promptitude.
Perspicacité. Inconstance. Risque
de mort prématurée. Problèmes
aux yeux. Risque de maladie.
Tendance à l'arrogance et au
mépris vis-à-vis de son entourage.

FRANKLIN ROOSEVELT.
LADY DIANA.
JACQUELINE ONASSIS.
CATHERINE DENEUVE.
DUC DE WINDSOR.
CHARLES DE FOUCAULD.
RAMAKRISHNA.
PIERRE BRASSEUR.
GEORGES POMPIDOU.
JEAN-PAUL SARTRE.
SIMONE DE BEAUVOIR.
MICHÈLE MORGAN.
GÉRARD DEPARDIEU.
MAURICE THOREZ.
FRANKLIN ROOSEVELT.

MARKAB.
SIGNE.: POISSONS.23.18.
NATURE.: MARS/MERCURE.
DEGRÉS.: 353.18.
SIGNIFICATION.: Sens du négoce.
Honneurs. Richesse. Combativité.
Risque de mort prématurée par la
violence, la maladie ou les
accidents. Très bonne mémoire.

ISAAC NEWTON.
FRANKLIN ROOSEVELT.
RASPOUTINE.
CHARLES DE FOUCAULD.
JAMES DEAN.
WALT DISNEY.
AGATHA CHRISTIE.
GRACE DE MONACO.
VICTOR HUGO.
VALÉRY GISCARD
D'ESTAING.
MARGARET THATCHER.
ELVIS PRESLEY.
MARILYN MONROE.
SERGE GAINSBOURG.
ABRAHAM LINCOLN.

MARKEB.
SIGNE.: VIERGE.28.51.
NATURE.: SATURNE/JUPITER.
DEGRÉS.: 178.51.
SIGNIFICATION.: Associations.
Voyages. Joies. Passion.
Mysticisme. Recherche. Prospérité.
Difficultés personnelles.

JOHN FITZGERALD
KENNEDY.
VINCENT VAN GOGH.
LOUIS II DE BAVIÈRE.
EDGARD CAYCE.
EMPEREUR JULIEN.
LOUIS XIV.
ÉLISABETH TAYLOR.
BERNARD TAPIE.
ANASTASIA.
RENÉ BARJAVEL.
FRANÇOISE SAGAN.
THÉRÈSE D'AVILA.
FRANÇOIS LÉOTARD.
ALAIN DELON.
ABRAHAM LINCOLN.

MENKAB.
SIGNE.: TAUREAU.14.18.
NATURE.: SATURNE.
DEGRÉS.: 44.18.
SIGNIFICATION.: Disgrâce. Chute.
Pertes. Risque d'accident. Risque
de maladie. Bouleversements.
Épreuves. Risque de mort
prématurée. Force de caractère.

MENKALINAM.
SIGNE.: GÉMEAUX.29.54.
NATURE.: MARS/MERCURE.
DEGRÉS.: 89.54.
SIGNIFICATION.: Violence. Danger
par le feu. Mercantilisme. Audace.
Risques de chutes. Difficultés.
Risque d'isolement. Caractère
entier. Persévérance.

MERAK.
SIGNE.: LION.19.24.
NATURE.: MARS/SOLEIL.
DEGRÉS.: 139.24.
SIGNIFICATION.: Courage.
Fougue. Rancune. Fierté.
Don-quichottisme. Duplicité.
Tendance à la patelinerie.
Tendance à l'incrédulité.

JEAN-PAUL II.
WALT DISNEY.
GUILLAUME APOLLINAIRE.
MOLIÈRE.
HENRI DE
TOULOUSE-LAUTREC.
JAMES DEAN.
TEILHARD DE CHARDIN.
ÉLISABETH TAYLOR.
JACQUES BREL.
SERGE LAMA.
ENRICO MACIAS.
CATHERINE DENEUVE.
MARGARET THATCHER.
JACQUELINE ONASSIS.
NAPOLÉON Ier.

RASPOUTINE.
GEORGES GUYNEMER.
JACQUES CHIRAC.
ELVIS PRESLEY.
HENRI DE
TOULOUSE-LAUTREC.
GUILLAUME APOLLINAIRE.
ÉLISABETH TAYLOR.
AGATHA CHRISTIE.
JACQUES OFFENBACH.
DANE RUDHYAR.
JACQUES MARTIN.
FRANÇOISE SAGAN.
ENRICO MACIAS.
JEAN GIONO.
LANDRU.

JEAN-PAUL II.
ELVIS PRESLEY.
ROBERT BOURASSA.
BRIGITTE BARDOT.
JAMES DEAN.
JACQUES CHIRAC.
MARIA CALLAS.
CATHERINE DENEUVE.
CHARLES DE FOUCAULD.
FERNAND REYNAUD.
GÉRARD PHILIPPE.
JEAN GIONO.
JEAN-MARIE LE PEN.
GEORGES MOUSTAKI.
JULES VERNE.

MINTAKA.
SIGNE.: GÉMEAUX.22.22.
NATURE.: JUPITER/SATURNE.
DEGRÉS.: 82.22.
SIGNIFICATION.: Chance.
Réussite sociale. Persévérance.
Sens du commandement. Courage.
Confiance. Arrogance. Risques de
traîtrise. Amour des déplacements
et des voyages.

MOLIÈRE.
FRANKLIN ROOSEVELT.
ALFRED DE MUSSET.
ORSON WELLES.
LADY DIANA.
JACQUELINE ONASSIS.
PIERRE MESSMER.
BJORN BORG.
DUC DE WINDSOR.
CHARLES DE FOUCAULD.
RAMAKRISHNA.
PIERRE BRASSEUR.
GEORGES SAND.
BOB DYLAN.
CHARLES DE GAULLE.

MIRACH.
SIGNE.: TAUREAU.0.14.
NATURE.: VÉNUS.
DEGRÉS.: 30.14.
SIGNIFICATION.: Chance. Beauté,
Magnétisme. Association réussie.
Don. Esprit brillant. Altruisme.
Longanimité.

GIUSEPPE VERDI.
VINCENT VAN GOGH.
PABLO PICASSO.
FRANZ LISZT.
LOUIS PASTEUR.
JULES VERNE.
GUILLAUME APOLLINAIRE.
ARTHUR RIMBAUD.
SIGMUND FREUD.
ELVIS PRESLEY.
MARILYN MONROE.
BRIGITTE BARDOT.
GEORGE SAND.
MARGARET THATCHER.
FRÉDÉRIC CHOPIN.

MIZAR.
SIGNE.: VIERGE.15.38.
NATURE.: MERCURE/MARS.
DEGRÉS.: 165.38.
SIGNIFICATION.: Éloquence.
Intelligence. Bravoure. Versatilité.
Ambition exacerbe. Besoins
d'activités.

JOHN FITZGERALD
KENNEDY.
CHARLES DE GAULLE.
JULES VERNE.
JEAN-PAUL II.
ELVIS PRESLEY.
AGATHA CHRISTIE.
GUILLAUME APOLLINAIRE.
RICHARD NIXON.
VICTOR HUGO.
ALEXANDRE DUMAS.
BRIGITTE BARDOT.
LADY DIANA.
LOUIS XIV.
GEORGES GUYNEMER.
NAPOLÉON Ier.

MUNUBRIUM.
SIGNE.: CAPRICORNE.14.59.
NATURE.: SOLEIL/MARS.
DEGRÉS.: 284.59.
SIGNIFICATION.: Tendance à l'héroïsme. Courage. Risque de maladie cardiaque. Danger par le feu. Générosité. Grand désir de réussite et de gloire.

SIGMUND FREUD.
RICHARD NIXON.
WALT DISNEY.
RICHARD WAGNER.
CHARLES CHAPLIN.
KARL MARX.
MARGUERITE YOURCENAR.
MARGARET THATCHER.
BERNARD TAPIE.
CARL JUNG.
JIMMY CARTER.
PAUL VERLAINE.
JACQUELINE ONASSIS.
JEAN MERMOZ.
CHARLES BAUDELAIRE.

NASHIRA.
SIGNE.: VERSEAU.21.46.
NATURE.: SATURNE/JUPITER.
DEGRÉS.: 321.46.
SIGNIFICATION.: Réussite sociale. Force de caractère. Succès par la ténacité. Intelligence. Risque d'agression et de mort prématurée.

ÉLISABETH D'AUTRICHE. (SISSI)
FRÉDÉRIC CHOPIN.
SALVADOR DALI.
JIMMY CARTER.
JACQUES CHIRAC.
MAO TSE TOUNG.
CHRISTINE DE SUÈDE.
CHARLES DE FOUCAULD.
FERNAND REYNAUD.
BERNADETTE SOUBIROU.
BORIS VIAN.
JEAN-PAUL SARTRE.
MICHÈLE MORGAN.
JEAN GABIN.
ÉLISABETH II.

NUSHABA.
SIGNE.: CAPRICORNE.1.06.
NATURE.: MARS/LUNE.
DEGRÉS.: 271.06.
SIGNIFICATION.: Ambivalence. Risques de problèmes psychologiques. Vigueur et vivacité d'esprit. Tendance à la révolte. Tempérament hargneux. Anicroches.

HONORÉ DE BALZAC.
RASPOUTINE.
RICHARD NIXON.
ÉLISABETH TAYLOR.
CHARLES CHAPLIN.
JAMES DEAN.
GEORGES GUYNEMER.
CHARLES DE FOUCAULD.
PIERRE BRASSEUR.
ÉDITH PIAF.
JACQUES BREL.
BORIS VIAN.
JEAN-PAUL SARTRE.
GEORGES MOUSTAKI.
AGATHA CHRISTIE.

OCULUS.
SIGNE.: VERSEAU.4.40.
NATURE.: SATURNE/VÉNUS.
DEGRÉS.: 304.40.
SIGNIFICATION.: Goût pour les arts en général. Finesse d'esprit. Occultisme. Recherche. Constance dans l'action. Passion. Amour du faste. Militarisme. Risque d'isolement.

AGATHA CHRISTIE.
RICHARD NIXON.
RICHARD WAGNER.
PABLO PICASSO.
LADY DIANA.
VALÉRY GISCARD D'ESTAING.
JACQUELINE ONASSIS.
LOUIS XIV.
MARIA CALLAS.
RODOLPHE DE HABSBOURG.
JANE FONDA.
RAMAKRISHNA.
ANASTASIA.
PIERRE BRASSEUR.
ADOLF HITLER.

PELAGUS.
SIGNE.: CAPRICORNE.12.23.
NATURE.: MERCURE/JUPITER.
DEGRÉS.: 282.23.
SIGNIFICATION.: Franchise. Honnêteté. Sens des affaires. Réussite sociale. Mysticisme. Esprit positif. Renommée.

JOHN FITZGERALD KENNEDY.
ORSON WELLES.
CARL JUNG.
VALÉRY GISCARD D'ESTAING.
JACQUES CHIRAC.
RUDYARD KIPLING.
CHRISTINE DE SUÈDE.
CATHERINE DENEUVE.
JANE FONDA.
BJORN BORG.
DUC DE WINDSOR.
PADRE PIO.
GEORGE SAND.
SIMONE DE BEAUVOIR.
FERNANDEL.

PHACT.
SIGNE.: GÉMEAUX.22.41.
NATURE.: JUPITER/URANUS.
DEGRÉS.: 82.41.
SIGNIFICATION.: Espérance. Chance pure. Serviabilité. Adaptation. Révolte. Foi. Dualité dans l'action. Force d'esprit. Sens du sacrifice. Nature modeste et timide.

FRANKLIN ROOSEVELT.
ORSON WELLES.
JACQUELINE ONASSIS.
CATHERINE DENEUVE.
DUC DE WINDSOR.
CHARLES DE FOUCAULD.
RAMAKRISHNA.
PIERRE BRASSEUR.
GEORGES SAND.
BOB DYLAN.
JEAN-PAUL SARTRE.
SIMONE DE BEAUVOIR.
MICHÈLE MORGAN.
GÉRARD DEPARDIEU.
FRANKLIN ROOSEVELT.

POLIS.
SIGNE.: CAPRICORNE.3.13.
NATURE.: JUPITER/MARS.
DEGRÉS.: 273.13.
SIGNIFICATION.: Tendance à
l'héroïsme. Leadership. Réussite
sociale. Succès. Combativité.
Ambition. Forte tendance au
mysticisme.

LOUIS PASTEUR.
ÉLISABETH II.
RICHARD NIXON.
CHARLES CHAPLIN.
KARL MARX.
JAMES DEAN.
MAO TSE TOUNG.
JOSÉPHINE DE
BEAUHARNAIS.
CHRISTINE DE SUÈDE.
MARIA CALLAS.
DUC DE WINDSOR.
PIERRE BRASSEUR.
BERNADETTE SOUBIROU.
JACQUES BREL.
JEAN-PAUL II.

POLLUX.
SIGNE.: CANCER.23.13.
NATURE.: MARS.
DEGRÉS.: 113.13.
SIGNIFICATION.: Grande audace.
Ténacité. Combativité. Honneurs.
Amour du défi. Réussite.
Imprudence. Cruauté mentale.
Subtilité d'esprit. Nature astucieuse.

BENITO MUSSOLINI.
ROBERT BOURASSA.
MOLIÈRE.
FRANÇOISE SAGAN.
JULIEN CLERC.
JEAN-MARIE LE PEN.
SACHA DISTEL.
BORIS VIAN.
GEORGES GUYNEMER.
KARL MARX.
MARGUERITE YOURCENAR.
ALEXANDRE VIALATTE.
KRISHNAMURTI.
GEORGES MOUSTAKI.
GANDHI.

PRINCEPS.
SIGNE.: SCORPION.3.08.
NATURE.: MERCURE/SATURNE.
DEGRÉS.: 213.08.
SIGNIFICATION.: Aptitude à la
recherche. Intelligence. Patience.
Persévérance. Discrétion. Amour
de la nature. Grande puissance de
travail.

ADOLF HITLER.
FRÉDÉRIC CHOPIN.
ÉLISABETH II.
CHARLES BAUDELAIRE.
FRANÇOIS MITTERRAND.
RICHARD NIXON.
VICTOR HUGO.
PABLO PICASSO.
CHARLES CHAPLIN.
BERNARD TAPIE.
GEORGES GUYNEMER.
CHRISTINE DE SUÈDE.
JACQUES CHIRAC.
FRANZ LISZT.
GANDHI.

PROCYON.
SIGNE.: CANCER.23.51.
NATURE.: MERCURE/MARS.
DEGRÉS.: 113.51.
SIGNIFICATION.: Forte activité.
Violence. Agressivité.
Mercantilisme. Esprit vif. Malice.
Angoisse. Fidèle aux amis. Très
grand risque de chute et de perte
du prestige.

PROESOEPE.
SIGNE.: LION.7.25.
NATURE.: MARS/LUNE.
DEGRÉS.: 127.25.
SIGNIFICATION.: Fluctuation du
destin. Risque de blessure à la
tête. Fortune. Infortune. Problème
psychique. Risque de mort
prématurée. Honneurs. Gloire.

PROPUS.
SIGNE.: CANCER.18.58.
NATURE.: SATURNE/MERCURE.
DEGRÉS.: 108.58.
SIGNIFICATION.: Puissance.
Persévérance. Réussite. Élévation.
Goût du risque. Hablerie.
Mensonge. Amour des jeux et des
réceptions en général.

JOHN FITZGERALD
KENNEDY.
RICHARD NIXON.
ROBERT BOURASSA.
JACQUES CHIRAC.
MOLIÈRE.
JULES VERNE.
ALEXANDRE DUMAS.
BRIGITTE BARDOT.
FRANÇOISE SAGAN.
MARQUIS DE SADE.
RICHARD CHAMBERLAIN.
HONORÉ DE BALZAC.
VINCENT VAN GOGH.
MARGARET THATCHER.
ÉLISABETH II.

ADOLF HITLER.
LOUIS PASTEUR.
FERNANDEL.
FRANÇOIS MITTERRAND.
RASPOUTINE.
RICHARD WAGNER.
PIERRE MESSMER.
MARIE VETSERA.
LADY DIANA.
BERNARD TAPIE.
JACQUELINE ONASSIS.
RODOLPHE DE HABSBOURG.
HENRI CHARRIÈRE.
PIERRE BRASSEUR.
BENITO MUSSOLINI.

BENITO MUSSOLINI.
RASPOUTINE.
RICHARD NIXON.
JAMES DEAN.
BERNARD TAPIE.
CARL JUNG.
PIERRE MESSMER.
MARCEL PROUST.
JACQUELINE ONASSIS.
MAO TSE TOUNG.
BJORN BORG.
HENRI CHARRIÈRE.
ANASTASIA.
FERNAND REYNAUD.
NAPOLÉON Ier.

RASALGETHI.
SIGNE.: SAGITTAIRE.16.09.
NATURE.: MERCURE/MARS.
DEGRÉS.: 256.09.
SIGNIFICATION.: Audace.
Ténacité. Passion. Puissance.
Caractère énergique. Belle réussite
sociale. Risque de violence. Risque
de mort prématurée.

CHARLES DE GAULLE.
JULES VERNE.
JEAN-PAUL II.
ROBERT BOURASSA.
ÉLISABETH D'AUTRICHE.
(SISSI)
FRÉDÉRIC CHOPIN.
AGATHA CHRISTIE.
ÉLISABETH II.
HONORÉ DE BALZAC.
SALVADOR DALI.
RICHARD NIXON.
WALT DISNEY.
RICHARD WAGNER.
MARQUIS DE SADE.
NAPOLÉON Ier.

RASALHAGUE.
SIGNE.: SAGITTAIRE.22.25.
NATURE.: SATURNE/VÉNUS.
DEGRÉS.: 262.25.
SIGNIFICATION.: Perversion.
Dépravation. Dons. Magnétisme.
Ambivalence. Autorité. Risque
d'intoxication. Bouleversement.

JOHN FITZGERALD
KENNEDY.
FRANKLIN ROOSEVELT.
SALVADOR DALI.
VINCENT VAN GOGH.
GUILLAUME APOLLINAIRE.
RAMAKRISHNA.
FRANZ LISZT.
WALT DISNEY.
SERGE GAINSBOURG.
GUISEPPE BALSAMO.
(CAGLIOSTRO)
TEILHARD DE CHARDIN.
JAMES DEAN.
ALFRED DE MUSSET.
MARIA CALLAS.
CHARLES DE GAULLE.

RASTABAN.
SIGNE.: SAGITTAIRE.11.56.
NATURE.: SATURNE/VÉNUS.
DEGRÉS.: 251.56.
SIGNIFICATION.: Risque
d'accident. Amour des voyages.
Danger par le feu. Risque
d'intoxication. Esprit analytique.
Risque de mort prématurée.
Déplacements.

ABRAHAM LINCOLN.
JACQUES CHIRAC.
HENRI DE
TOULOUSE-LAUTREC.
LANDRU.
MARCEL PROUST.
FRANZ LISZT.
SERGE GAINSBOURG.
JANE BIRKIN.
GÉRARD PHILIPPE.
MOLIÈRE.
JIMMY CARTER.
BORIS VIAN.
JEAN-PAUL SARTRE.
MIREILLE D'ARC.
GANDHI.

REGULUS.
SIGNE.: LION.29.50.
NATURE.: MARS/JUPITER.
DEGRÉS.: 149.50.
SIGNIFICATION.: Honneurs.
Gloire. Chance. Réussite.
Épreuves difficiles. Amour du
pouvoir. Indépendance de
caractère. Besoin de grandeur.
Ambition. Grandeur d'âme et
générosité.

RIGEL.
SIGNE.: GÉMEAUX.16.44.
NATURE.: JUPITER/MARS.
DEGRÉS.: 76.44.
SIGNIFICATION.: Richesses.
Invention. Gloire. Ambitions.
Grande réussite. Empêchements.
Obstacles. Embûches dans la vie
personnelle et intime.

ROBERT BOURASSA.
AGATHA CHRISTIE.
JOSÉPHINE DE
BEAUHARNAIS.
RUDYARD KIPLING.
PABLO PICASSO.
JACQUELINE ONASSIS.
SERGE GAINSBOURG.
MARGUERITE YOURCENAR.
MARGARET THATCHER.
LADY DIANA.
ÉLISABETH D'AUTRICHE.
(SISSI)
FERNANDEL.
GEORGE SAND.
GUISEPPE BALSAMO.
(CAGLIOSTRO)
RAMAKRISHNA.

JOHN FITZGERALD
KENNEDY.
ROBERT BOURASSA.
SALVADOR DALI.
LOUIS PASTEUR.
RUDYARD KIPLING.
ARTHUR RIMBAUD.
JACQUES OFFENBACH.
JEAN GIONO.
JULES VERNE.
WALT DISNEY.
BRIGITTE BARDOT.
AGATHA CHRISTIE.
TEILHARD DE CHARDIN.
ALAIN DELON.
ÉLISABETH II.

SADALMELIK.
SIGNE.: POISSONS.3.24.
NATURE.: SATURNE/MERCURE.
DEGRÉS.: 333.24.
SIGNIFICATION.: Succès. Prestige.
Hautes aspirations. Risque de
chute. Épreuves difficiles.
Déception. Bouleversement.
Isolement et perte du prestige.

SADALSUND.
SIGNE.: VERSEAU.23.24.
NATURE.: SATURNE/MERCURE.
DEGRÉS.: 323.24.
SIGNIFICATION.: Difficultés.
Réussite et risque de chute.
Ambivalence. Fin de vie ou de
carrière difficile. Risque
d'intoxication et de mort
prématurée.

VINCENT VAN-GOGH.
ELVIS PRESLEY.
GUISEPPE BALSAMO.
(CAGLIOSTRO)
HENRI DE
TOULOUSE-LAUTREC.
AGATHA CHRISTIE.
MARGARET THATCHER.
GUILLAUME APOLLINAIRE.
HONORÉ DE BALZAC.
SALVADOR DALI.
FRANÇOIS MITTERRAND.
VICTOR HUGO.
LOUIS II DE BAVIÈRE.
JOSÉPHINE DE
BEAUHARNAIS.
ÉLISABETH TAYLOR.
BENITO MUSSOLINI.

JOHN FITZGERALD
KENNEDY.
ABRAHAM LINCOLN.
ÉLISABETH II.
SIGMUND FREUD.
LOUIS II DE BAVIÈRE.
KARL MARX.
BRIGITTE BARDOT.
ORSON WELLES.
LADY DIANA.
BERNARD TAPIE.
GEORGES POMPIDOU.
VALÉRY GISCARD
D'ESTAING.
JIMMY CARTER.
PAUL VERLAINE.
NAPOLÉON Ier.

SCHEAT.
SIGNE.: POISSONS.29.08.
NATURE.: VÉNUS/MERCURE.
DEGRÉS.: 359.08.
SIGNIFICATION.: Grande
possibilité de mort prématurée.
Pertes au sens large du mot.
Romantisme. Exaltation. Rêves.

SEGINUS.
SIGNE.: BALANCE.17.37.
NATURE.: MERCURE/SATURNE.
DEGRÉS.: 197.37.
SIGNIFICATION.: Discrétion.
Prospérité par le travail. Désirs
puissants. Risque de perte par les
amis. Épreuves difficiles. Tendance
aux excès.

SHERATAN.
SIGNE.: TAUREAU.3.57.
NATURE.: MARS/SATURNE.
DEGRÉS.: 33.57.
SIGNIFICATION.: Possibilité
d'accident. Violence. Destruction
par le feu et risque de mort
prématurée. Inspiration. Réussite
possible. Bouleversements.

JOHN FITZGERALD
KENNEDY.
ABRAHAM LINCOLN.
ÉLISABETH II.
VINCENT VAN GOGH.
MARILYN MONROE.
JACQUES OFFENBACH.
RODOLPHE DE HABSBOURG.
CHARLES BAUDELAIRE.
ALFRED DREYFUS.
BERNADETTE SOUBIROU.
FRANÇOISE SAGAN.
JANE FONDA.
MICHÈLE MORGAN.
SIMONE DE BEAUVOIR.
NAPOLÉON Ier.

MOLIÈRE.
FRÉDÉRIC CHOPIN.
AGATHA CHRISTIE.
FERNANDEL.
FRANÇOIS MITTERRAND.
JACQUES OFFENBACH.
BRIGITTE BARDOT.
ALFRED DE MUSSET.
JAMES DEAN.
RUDYARD KIPLING.
FRANZ LISZT.
CATHERINE DENEUVE.
DUC DE WINDSOR.
PIERRE BRASSEUR.
LOUIS PASTEUR.

ADOLF HITLER.
FRANZ KAFKA.
ARTHUR RIMBAUD.
GÉRARD DE NERVAL.
SERGE GAINSBOURG.
GRACE DE MONACO.
HENRI DE
TOULOUSE-LAUTREC.
GÉRARD DEPARDIEU.
FRANÇOISE SAGAN.
RENÉ BARJAVEL.
JACQUELINE ONASSIS.
TEILHARD DE CHARDIN.
VALÉRY GISCARD
D'ESTAING.
JEAN-MARIE LE PEN.
JEAN-PAUL II.

SINISTRA.
SIGNE.: SAGITTAIRE.29.44.
NATURE.: VÉNUS/MERCURE.
DEGRÉS.: 269.44.
SIGNIFICATION.: Difficultés.
Dépravation. Veuvage. Pertes.
Idéalisme. Romantisme.
Spontanéité. Magnétisme.
Inconvenance.

GANDHI.
ADOLF HITLER.
RICHARD NIXON.
SALVADOR DALI.
LOUIS PASTEUR.
ELVIS PRESLEY.
ÉLISABETH TAYLOR.
JACQUES OFFENBACH.
CHARLES DE FOUCAULD.
SERGE GAINSBOURG.
GÉRARD PHILIPPE.
ENRICO MACIAS.
MARIA CALLAS.
BRIGITTE BARDOT.
RASPOUTINE.

SIRIUS.
SIGNE.: CANCER.14.04.
NATURE.: JUPITER/MARS.
DEGRÉS.: 104.04.
SIGNIFICATION.: Honneur.
Richesse. Gloire. Renommée.
Passion. Voyages. Caractère
impétueux. Orgueil. Imprudence.
Risque de mort prématurée.

JOHN FITZGERALD
KENNEDY.
MARIA CALLAS
MARILYN MONROE.
FRÉDÉRIC CHOPIN.
PABLO PICASSO.
RUDYARD KIPLING.
ALEXANDRE DUMAS.
GÉRARD PHILIPPE.
JIMMY CARTER.
JACQUES BREL.
GEORGE SAND.
RICHARD WAGNER.
JAMES DEAN.
VALÉRY GISCARD
D'ESTAING.
FRANKLIN ROOSEVELT.

SKAT.
SIGNE.: POISSONS.8.53.
NATURE.: VÉNUS/SATURNE.
DEGRÉS.: 338.53.
SIGNIFICATION.: Chance.
Bonheur. Belle réussite. Passion.
Sens des relations. Hautes
aspirations. Magnétisme. Bonne
fortune en général qui n'annihile en
aucun temps les effets néfastes
des autres étoiles.

MARILYN MONROE.
ROBERT BOURASSA.
LOUIS PASTEUR.
ÉLISABETH D'AUTRICHE.
MOLIÈRE.
SALVADOR DALI.
RICHARD NIXON.
VICTOR HUGO.
GEORGES POMPIDOU.
ALEXANDRE DUMAS.
ÉLISABETH TAYLOR.
BRIGITTE BARDOT.
LADY DIANA.
MARIA CALLAS.
ADOLF HITLER.

SPICULUM.
SIGNE.: CAPRICORNE.0.56.
NATURE.: MARS/LUNE.
DEGRÉS.: 270.56.
SIGNIFICATION.: Amour des animaux. Grand risque de problèmes visuels. Agilité. Vigueur. Combativité. Désir de gloire. Persévérance. Passions exacerbées.

HONORÉ DE BALZAC.
SALVADOR DALI.
RASPOUTINE.
RICHARD NIXON.
JACQUES OFFENBACH.
ÉLISABETH TAYLOR.
CHARLES CHAPLIN.
GEORGES GUYNEMER.
CHARLES DE FOUCAULD.
PIERRE BRASSEUR.
ÉDITH PIAF.
JACQUES BREL.
BORIS VIAN.
JEAN-PAUL SARTRE.
ELVIS PRESLEY.

SUALOCIN.
SIGNE.: VERSEAU.17.23.
NATURE.: SATURNE/MARS.
DEGRÉS.: 317.23.
SIGNIFICATION.: Difficultés. Accidents. Ennemis. Dualité intérieure. Risque de mort prématurée. Événements fatals qui s'actualisent en pleine réussite et perturbent la vie du natif.

FRANKLIN ROOSEVELT.
RICHARD NIXON.
FRÉDÉRIC CHOPIN.
FRANZ KAFKA.
MARILYN MONROE.
ELVIS PRESLEY.
ROBERT BOURASSA.
SALVADOR DALI.
LOUIS II DE BAVIÈRE.
RICHARD WAGNER.
CHARLES DE FOUCAULD.
BERNADETTE SOUBIROU.
JACQUES OFFENBACH.
DOCTEUR PETIOT.
JEAN-PAUL II.

TEJAT.
SIGNE.: CANCER.3.27.
NATURE.: VÉNUS/MERCURE.
DEGRÉS.: 93.27.
SIGNIFICATION.: Grande réussite.
Charme. Manœuvres. Risque de
mort prématurée. Vanité. Orgueil.
Cynisme. Violence.

JOHN FITZGERALD
KENNEDY.
ÉLISABETH D'AUTRICHE.
(SISSI)
ÉLISABETH II.
FERNANDEL.
JOSÉPHINE DE
BEAUHARNAIS.
CHARLES CHAPLIN.
KARL MARX.
MARGUERITE YOURCENAR.
ORSON WELLES.
LADY DIANA.
MARGARET THATCHER.
ÉDITH PIAF.
BERNADETTE SOUBIROU.
MAO TSE TOUNG.
RASPOUTINE.

TEREBELLUM.
SIGNE.: CAPRICORNE.25.50.
NATURE.: VÉNUS/URANUS.
DEGRÉS.: 295.50.
SIGNIFICATION.: Belle réussite
avec un grand risque de chute.
Mercantilisme. Nature malicieuse.
Magnétisme. Esprit créatif. Risque
de problèmes mentaux.

JOHN FITZGERALD
KENNEDY.
JULES VERNE.
LOUIS PASTEUR.
ÉLISABETH D'AUTRICHE.
(SISSI)
HENRI DE
TOULOUSE-LAUTREC.
ABRAHAM LINCOLN.
ÉLISABETH II.
FERNANDEL.
GUILLAUME APOLLINAIRE.
FRANÇOIS MITTERRAND.
KARL MARX.
BRIGITTE BARDOT.
VALÉRY GISCARD
D'ESTAING.
MARGARET THATCHER.
VINCENT VAN GOGH.

TRIANGLE.
SIGNE.: TAUREAU.6.50.
NATURE.: VÉNUS/MERCURE.
DEGRÉS.: 36.50.
SIGNIFICATION.: Sociabilité.
Fidélité. Intelligence. Savoir-faire.
Tendance à la fourberie. Ruse.
Magnétisme. Passion.

ELVIS PRESLEY.
LOUIS PASTEUR.
SALVADOR DALI.
SIGMUND FREUD.
FRANÇOIS MITTERRAND.
FRANKLIN ROOSEVELT.
ALFRED DE MUSSET.
BERNARD TAPIE.
CARL JUNG.
VALÉRY GISCARD
D'ESTAING.
MARCEL PROUST.
MAO TSE TOUNG.
JOSÉPHINE DE
BEAUHARNAIS.
MARIA CALLAS.
MARILYN MONROE.

UNUKALHAI.
SIGNE.: SCORPION.22.03.
NATURE.: SATURNE/MARS.
DEGRÉS.: 232.03.
SIGNIFICATION.: Risque
d'empoisonnement. Jalousie.
Immoralité. Bouleversement.
Risque d'accident. Autorité.
Sagesse.

ABRAHAM LINCOLN.
ISAAC NEWTON.
SALVADOR DALI.
MARILYN MONROE.
ARTHUR RIMBAUD.
JACQUES COUSTEAU.
THOMAS MANN.
CHRISTOPHE LAMBERT.
RICHARD STRAUSS.
CHANTAL NOBEL.
SOPHIE MARCEAU.
ALEXANDRA DAVID NEEL.
GÉRARD DE NERVAL.
KRISHNAMURTI.
RASPOUTINE.

VEGA.
SIGNE.: CAPRICORNE.15.16.
NATURE.: VÉNUS/MERCURE.
DEGRÉS.: 285.16.
SIGNIFICATION.: Réputation.
Richesse. Chance. Prétention.
Réussite sociale. Sens artistique.
Attitude ludique.

ABRAHAM LINCOLN.
ADOLF HITLER.
JEAN-PAUL II.
RICHARD NIXON.
JACQUES CHIRAC.
RICHARD WAGNER.
GIUSEPPE VERDI.
JIMMY CARTER.
MARGARET THATCHER.
WALT DISNEY.
ALEXANDRE DUMAS.
MARILYN MONROE.
BERNARD TAPIE.
VALÉRY GISCARD
D'ESTAING.
NAPOLÉON Ier.

VERTEX.
SIGNE.: BÉLIER.27.51.
NATURE.: LUNE/MARS.
DEGRÉS.: 27.51.
SIGNIFICATION.: Risque de
maladie. Problèmes visuels. Risque
de mort subite. Nature tourmentée.
Tendance mystique. Craintes
chimériques. Phobies.

JULES VERNE.
MARILYN MONROE.
ELVIS PRESLEY.
ROBERT BOURASSA.
LOUIS PASTEUR.
ABRAHAM LINCOLN.
ÉLISABETH II.
SIGMUND FREUD.
ARTHUR RIMBAUD.
BERNADETTE SOUBIROU.
PADRE PIO.
MARGARET THATCHER.
GEORGES GUYNEMER.
MARCEL PROUST.
ADOLF HITLER.

VINDEMATRIX.
SIGNE.: BALANCE.9.56.
NATURE.: SATURNE/VÉNUS.
DEGRÉS.: 189.56.
SIGNIFICATION.: Épreuves
difficiles. Don. Risque de veuvage.
Revers. Magnétisme. Risques de
problèmes psychologiques.

RICHARD NIXON.
VINCENT VAN GOGH.
ARTHUR RIMBAUD.
VICTOR HUGO.
WALT DISNEY.
BERNARD TAPIE.
JACQUES BREL.
RICHARD CHAMBERLAIN.
JACQUELINE ONASSIS.
MARIA CALLAS.
MARGARET THATCHER.
VALÉRY GISCARD
D'ESTAING.
BJORN BORG.
JIMMY CARTER.
GANDHI.

WASAT.
SIGNE.: CANCER.18.31.
NATURE.: MARS/LUNE.
DEGRÉS.: 108.31.
SIGNIFICATION.: Danger par les
liquides. Les armes. Le feu. Les
bouleversements. Force de
caractère. Risque d'intoxication et
d'empoisonnement. Épreuves.

MARILYN MONROE.
JEAN-PAUL II.
ISAAC NEWTON.
FERNANDEL.
RASPOUTINE.
RICHARD NIXON.
BERNARD TAPIE.
CARL JUNG.
PIERRE MESSMER.
MARCEL PROUST.
JACQUELINE ONASSIS.
MAO TSE TOUNG.
BJORN BORG.
HENRI CHARRIÈRE.
ADOLF HITLER.

WESEN.
SIGNE.: CANCER.21.51.
NATURE.: VÉNUS/LUNE.
DEGRÉS.: 111.51.
SIGNIFICATION.: Dualité dans l'action. Affabilité. Charme. Intoxication. Rêve. Instabilité. Phobie. Risque de passion violente et dangereuse.

ROBERT BOURASSA.
MOLIÈRE.
SALVADOR DALI.
ÉLISABETH TAYLOR.
KARL MARX.
BRIGITTE BARDOT.
PADRE PIO.
GEORGES GUYNEMER.
MARCEL PROUST.
MAO TSE TOUNG.
BJORN BORG.
HENRI CHARRIÈRE.
ANASTASIA.
MARIE VETSERA.
ELVIS PRESLEY.

YED-PRIOR.
SIGNE.: SAGITTAIRE.2.18.
NATURE.: SATURNE/VÉNUS.
DEGRÉS.: 242.18.
SIGNIFICATION: Réussite par le travail. Richesse. Nature passionnée. Tendance à la révolte. Immoralité. Sournoiserie. Impudicité. Ennemis cachés.

HENRI DE TOULOUSE-LAUTREC.
RICHARD WAGNER.
PABLO PICASSO.
MARGUERITE YOURCENAR.
ALFRED DE MUSSET.
JAMES DEAN.
MARGARET THATCHER.
GRACE DE MONACO.
CHRISTINE DE SUÈDE.
MARIA CALLAS.
RODOLPHE DE HABSBOURG.
GEORGES SAND.
BOB DYLAN.
JEAN-MARIE LE PEN.
VICTOR HUGO.

ZANIAH.
SIGNE.: BALANCE.4.50.
NATURE.: MERCURE/VÉNUS.
DEGRÉS.: 184.50.
SIGNIFICATION.: Diplomatie. Amabilité. Honneurs. Réussite sociale. Magnétisme. Modestie. Éloquence. Serviabilité. Sens des relations et de l'entregent.

MARILYN MONROE.
ROBERT BOURASSA.
LOUIS PASTEUR.
ISAAC NEWTON.
FRÉDÉRIC CHOPIN.
FERNANDEL.
CHARLES BAUDELAIRE.
SALVADOR DALI.
SIGMUND FREUD.
FRANÇOIS MITTERRAND.
WALT DISNEY.
RICHARD WAGNER.
ALEXANDRE DUMAS.
PABLO PICASSO.
GANDHI.

ZAVIJAVA.
SIGNE.: VIERGE.27.07.
NATURE.: MERCURE/MARS.
DEGRÉS.: 177.07.
SIGNIFICATION.: Combativité.
Ténacité. Force de caractère.
Adaptabilité. Don de la parole.
Ingéniosité. Modestie.

JOHN FITZGERALD
KENNEDY.
LOUIS II DE BAVIÈRE.
BERNARD TAPIE.
GEORGES GUYNEMER.
PAUL VERLAINE.
ANASTASIA.
GÉRARD PHILIPPE.
BOB DYLAN.
CHRISTOPHE LAMBERT.
JEAN COCTEAU.
JACQUES DUTRONC.
GEORGES MOUSTAKI.
HENRY DE MONTHERLANT.
JEAN GABIN.
GUISEPPE BALSAMO.
(CAGLIOSTRO)

ZOSMA.
SIGNE.: VIERGE.10.37.
NATURE.: SATURNE/VÉNUS.
DEGRÉS.: 160.37.
SIGNIFICATION.: Aventure.
Égoïsme. Perte. Immoralité.
Toxicomanie. Instabilité. Morbidité.
Ténacité. Voyage. Magnétisme.
Risques de problèmes
psychologiques.

CHARLES BAUDELAIRE.
JACQUES CHIRAC.
ROBERT BOURASSA.
FRÉDÉRIC CHOPIN.
MARQUIS DE SADE.
GEORGES MOUSTAKI.
GUILLAUME APOLLINAIRE.
VICTOR HUGO.
BJORN BORG.
SERGE GAINSBOURG.
ÉLISABETH TAYLOR.
GUISEPPE BALSAMO.
(CAGLIOSTRO)
FRANÇOISE SAGAN.
LOUIS FERDINAND CÉLINE.
NAPOLÉON Ier.

Comment comprendre
le sens de vos étoiles?

1. À la rubrique «signification», on a une description des événements pouvant arriver au natif qui aura cette étoile dans son zodiaque de naissance. Il est évident que les événements dont il est question ne se produiront nécessairement pas tous, mais il y a de bonnes chances qu'ils se produisent en fonction du pourcentage d'actualisation.

2. À la rubrique «âges de références», vous indiquez les âges auxquels un ou des événements, que votre étoile annonce et qui peuvent se produire. «Pour ce faire, vous prenez la position de votre étoile, dans la maison ou elle se trouve et vous ajoutez 12 qui représente le tour complet du zodiaque». Exemple: J'ai accrux en maison 4, «cela veut dire que accrux sera plus influente à l'âge de 4 ans puis tous les 12 ans». Exemple: 4 ans — 16 ans — 28 ans — 40 ans — 52 ans, etc.

3. À la rubrique «aspects», vous inscrivez les aspects qui affectent votre étoile dans le zodiaque de naissance. Ils sont de deux natures: les bénéfiques, qui sont le sextile et le trigone, et les maléfiques, qui sont le carré et l'opposition. Leur effet est d'autant plus grand que le pourcentage d'actualisation est important.

4. À la rubrique «valeur», vous inscrivez la synthèse générale de votre étoile à savoir si elle est positive quand elle reçoit une majorité d'aspects bénéfiques et négative quand elle reçoit majoritairement des aspects maléfiques. Ensuite, toujours à la même rubrique, on remarquera une indication en pourcentage d'actualisation. J'ai jugé bon de donner cette indication en fonction de l'écart qu'il y a entre l'étoile et son significateur qui peut être, selon le cas, une planète, un luminaire, une Maison, un astéroïde, un Nœud lunaire, Gaïa,

Chiron ou Lilith. C'est pour cela que je demande le plus d'exactitude possible au client qui désire avoir sa carte du ciel par les étoiles. Un écart, aussi minime soit-il, en ce qui concerne l'heure de naissance peut restreindre ou augmenter considérablement le pourcentage d'actualisation de l'étoile, car la référence que je prends pour établir le pourcentage est fonction de l'orbe d'écart. Par exemple, un aspect à 0 degré 30 minutes représente 40 % de probabilité d'actualisation.

5. Vous serez très étonné, je le suis encore moi-même, de la portée et de la puissance des étoiles sur votre destinée et vous constaterez la pertinence des événements qu'elles annoncent. Je conseille au client qui a son zodiaque de naissance avec les étoiles de le garder précieusement de façon à pouvoir le consulter de temps en temps, surtout quand son zodiaque est bénéfique et qu'il traverse une période difficile. Même quand le zodiaque est maléfique, on se doit de le consulter de temps en temps, car si l'on connaît la nature des difficultés, cela peut nous permettre d'en amoindrir la portée, voire de les éviter.

«Heureux celui qui sait lire les signes des temps, car celui-là peut éviter beaucoup d'infortunes, ou se préparer à en amoindrir le choc.»

Hermes Thoth

VALEUR EN POURCENTAGE DE L'ÉCART DES ÉTOILES FIXES

0.00 = 100 %	0.16 = 68 %	0.32 = 38 %	0.48 = 22 %
0.01 = 98 %	0.17 = 66 %	0.33 = 37 %	0.49 = 21 %
0.02 = 96 %	0.18 = 64 %	0.34 = 36 %	0.50 = 20 %
0.03 = 94 %	0.19 = 62 %	0.35 = 35 %	0.51 = 19 %
0.04 = 92 %	0.20 = 60 %	0.36 = 34 %	0.52 = 18 %
0.05 = 90 %	0.21 = 58 %	0.37 = 33 %	0.53 = 17 %
0.06 = 88 %	0.22 = 56 %	0.38 = 32 %	0.54 = 16 %
0.07 = 86 %	0.23 = 54 %	0.39 = 31 %	0.55 = 15 %
0.08 = 84 %	0.24 = 52 %	0.40 = 30 %	0.56 = 14 %
0.09 = 82 %	0.25 = 50 %	0.41 = 29 %	0.57 = 13 %
0.10 = 80 %	0.26 = 48 %	0.42 = 28 %	0.58 = 12 %
0.11 = 78 %	0.27 = 46 %	0.43 = 27 %	0.59 = 11 %
0.12 = 76 %	0.28 = 44 %	0.44 = 26 %	1.00 = 11 %
0.13 = 74 %	0.29 = 42 %	0.45 = 25 %	1.15 = 8 %
0.14 = 72 %	0.30 = 40 %	0.46 = 24 %	1.30 = 6 %
0.15 = 70 %	0.31 = 39 %	0.47 = 23 %	1.45 = 4 %

Écart admissible pour les aspects négatifs:

Le carré 90 degrés plus ou moins 2 degrés d'écart.
L'opposition 180 degrés plus ou moins 2 degrés d'écart.

Écart admissible pour les aspects positifs:

Le sextile 60 degrés plus ou moins 1 degré d'écart.
Le trigone 120 degrés plus ou moins 2 degrés d'écart.

Écart admissible pour la conjonction entre les étoiles fixes et...

LE SOLEIL	3 DEGRÉS	MERCURE	2 DEGRÉS
LA LUNE	3 DEGRÉS	VÉNUS	2 DEGRÉS
LA MAISON I	3 DEGRÉS	MARS	2 DEGRÉS
LA MAISON IV	3 DEGRÉS	JUPITER	2 DEGRÉS
LA MAISON VII	3 DEGRÉS	SATURNE	2 DEGRÉS
LA MAISON X	3 DEGRÉS	URANUS	2 DEGRÉS
LA MAISON II	2 DEGRÉS	NEPTUNE	2 DEGRÉS
LA MAISON III	2 DEGRÉS	PLUTON	2 DEGRÉS
LA MAISON V	2 DEGRÉS	LILITH	2 DEGRÉS
LA MAISON VI	2 DEGRÉS	CÈRES	2 DEGRÉS
LA MAISON VIII	2 DEGRÉS	PALLAS	2 DEGRÉS
LA MAISON IX	2 DEGRÉS	JUNON	2 DEGRÉS
LA MAISON XI	2 DEGRÉS	VESTA	2 DEGRÉS
LA MAISON XII	2 DEGRÉS	CHIRON	2 DEGRÉS
NOEUD/NORD	2 DEGRÉS	GAÏA	2 DEGRÉS
NOEUD/SUD	2 DEGRÉS		

La vitesse des étoiles fixes est de 0 minute 50 secondes par an ou de 1 degré tous les 72 ans (1 degré est égal à 60 minutes).

Pour positionner les étoiles fixes, je considère les étoiles qui sont en conjonction le plus près du 0 degré 0 minute d'orbe des planètes, des luminaires, des maisons, des astéroïdes, des Nœuds, de Lilith et de Gaïa. Pour plus de précision, c'est préférable de s'en tenir à 1 degré, car le risque de dépasser 1 degré la probabilité d'actualisation est très faible.

NOM: ACCRUX.
SIGNIFICATION: Goût du faste. Prestige. Occultisme. Succès. Sens de la justice. Persévérance. Épreuves difficiles quand l'étoile reçoit des mauvais aspects surtout des luminaires et des Maisons angulaires. Toutefois, le natif qui a cette étoile dans son zodiaque de naissance aura une très

grande chance d'obtenir une très belle réussite qui est souvent le résultat d'un bel effort et de ses aptitudes personnelles. Il devra rester dans le droit chemin pour retirer le maximum des avantages que cette étoile donne au natif. Pour mesurer l'ampleur des aspects positifs ou négatifs du thème de naissance du natif, il faudra prendre en considération les significateurs et les Maisons. Afin de juger de son impact sur la destinée, on tiendra compte des aspects, des âges de références ainsi que du pourcentage d'actualisation.

ÂGES DE RÉFÉRENCES:

ASPECTS:

POURCENTAGE/VALEUR:

NOM: ACHERNAR.

SIGNIFICATION: Déplacements multiples. Autorité. Prééminence. Transcendance. Foi. Occultisme. Grand risque d'épreuves en voyage. Risque d'accident. Le natif qui a cette étoile dans son zodiaque de naissance sera dans sa vie très fortement influencé par les déplacements et les voyages, sur le plan tant physique que mystique. Il peut avoir une vie très riche en événements qui peuvent favoriser la transcendance ainsi que la vision et donner une capacité de regénérescence assez extraordinaire. Sur le côté négatif, surtout avec des mauvais aspects vis-à-vis des Maisons angulaires et des luminaires, cette étoile donne souvent des difficultés en voyage ou dans les déplacements. Pour en mesurer l'ampleur, on devra tenir compte des aspects du thème avec les planètes, les luminaires et les Maisons angulaires.

ÂGES DE RÉFÉRENCES:

ASPECTS:

POURCENTAGE/VALEUR:

NOM: ACUBENS.

SIGNIFICATION: Caractère atrabilaire. Fabulation. Irritabilité. Fébrilité. Malice. Isolement. Persévérance. Risque de mort violente. Possibilité de renommée. Don. Si vous faites partie des natifs qui ont cette étoile dans leur zodiaque de naissance, vous avez probablement de très grandes chances d'obtenir une belle réussite sociale. Toutefois, malgré cette réussite, le caractère ne change pas pour autant, et vous aurez tendance à blesser des gens de votre entourage. Vous risquez ainsi de provoquer des inimitiés puissantes qui peuvent favoriser l'émergence des défauts que cette étoile annonce. Malgré une très belle réussite, vous risquez de vivre replié sur vous-même et de subir les affres de l'isolement, surtout quand le thème reçoit des mauvais aspects des luminaires, de Saturne et de Mercure.

ÂGES DE RÉFÉRENCES:

ASPECTS:

POURCENTAGE/VALEUR:

NOM: ACULEUS.

SIGNIFICATION: Audace. Amour des défis et des combats. Caractère autoritaire. Problèmes visuels. Humeur changeante avec des tendances colériques. Risques de problèmes psychologiques. Le natif qui a cette étoile dans son zodiaque de naissance aura tout intérêt à canaliser ses ardeurs sur le côté le plus positif possible s'il désire avoir le support de son entourage et de ses amis pour obtenir la réussite et réaliser ses aspirations les plus intimes. Car, malgré les apparences et la carapace que le natif semble avoir, il est plus sensible qu'il ne le laisse paraître, surtout sur les plans émotif et psychologique quand la carte du ciel est négative. Afin de juger de son impact sur la destinée, on doit tenir compte des aspects des âges où elle est à son maximum ainsi que de son pourcentage d'actualisation.

ÂGES DE RÉFÉRENCES:

ASPECTS:

POURCENTAGE/VALEUR:

NOM: ACUMENS.

SIGNIFICATION: Fluctuation du destin. Tempérament autoritaire et batailleur. Grands risques de problèmes visuels. Inconstance. Caractère susceptible. Le natif qui a cette étoile dans son zodiaque de naissance aura de très grandes chances de subir des hauts et des bas totalement inexplicables. Cela pourra influencer son caractère et le rendre plus ou moins difficile à vivre pour sa famille et son entourage immédiat, surtout quand l'étoile reçoit des mauvais aspects des luminaires et de Mars. Toutefois, on peut dire sans trop se tromper que les tracas seront surtout d'ordre mineur. Ils n'influenceront donc pas trop négativement la vie du natif. En outre, les risques de problèmes visuels demeureront présents tout au long de la vie du natif.

ÂGES DE RÉFÉRENCES:
ASPECTS:
POURCENTAGE/VALEUR:

NOM: ADARA.
SIGNIFICATION: Fidélité. Charité. Risques de blessures. Passion. Vaillance. Risque de mort prématurée. Bouleversement et changement de vie spectaculaire. Le natif qui a cette étoile dans son zodiaque de naissance a des grandes possibilités d'obtenir une réussite spectaculaire ou un revirement de sa situation, sur le côté tant positif que négatif, à la suite d'un événement totalement inattendu. Ce dernier peut résulter d'un bouleversement indépendant de sa volonté. Pour avoir une idée de la nature des événements, on devra accorder une attention spéciale au thème de naissance du natif. Afin de pouvoir juger de l'impact de cette étoile sur la destinée du natif, on devra tenir compte de la Maison où elle réside, de ses aspects, des âges de références où elle exerce le maximum d'influence ainsi que de son pourcentage d'actualisation.

ÂGES DE RÉFÉRENCES:
ASPECTS:
POURCENTAGE/VALEUR:

NOM: ADHAFERA.
SIGNIFICATION: Tendance suicidaire. Vol. Fraude. Risque d'intoxication. Danger par le crime. Désir de gloire. Intelligence. Tendance à la roublardise. Promptitude. Subtilité d'esprit. Avec cette étoile dans votre zodiaque de naissance, il est évident que le destin ne se présente pas sur son meilleur jour. Toutefois, le natif ne devra pas se décourager, penser que sa vie est foutue et qu'il ne sert à rien de se battre. Au contraire, avec des étoiles semblables, on doit se prendre en main et faire face à la musique. Pour mesurer l'ampleur des effets néfastes de cette étoile, le natif devra accorder une attention spéciale à la qualité des aspects que forment les luminaires et Saturne avec son étoile. Comme il se doit, on accordera une attention toute spéciale à l'ensemble du thème de naissance et à la qualité des étoiles qui le composent.

ÂGES DE RÉFÉRENCES:
ASPECTS:
POURCENTAGE/VALEUR:

NOM: AGENA.

SIGNIFICATION: Belle réussite sociale. Protection. Honneurs. Succès. Situation de premier rang. Renommée. Le natif qui a la très grande chance d'avoir cette étoile dans son zodiaque de naissance sera très probablement gratifié par le destin d'une réussite assez extraordinaire, aussi bien sur le plan social que financier. Toutefois, malgré les apparences, il ne doit pas penser qu'il n'y a rien à faire pour obtenir les grâces de cette étoile. Bien au contraire, il va falloir se relever les manches pour obtenir du destin la réussite qu'il donne par le biais de cette étoile. Pour voir l'ampleur de la richesse et de la réussite du natif, on devra tenir compte des aspects qu'il y a entre Vénus, Jupiter et cette étoile. Des aspects contraires peuvent faire disparaître les effets bénéfiques de cette étoile.

ÂGES DE RÉFÉRENCES:

ASPECTS:

POURCENTAGE/VALEUR:

NOM: AL-GEMIBI.

SIGNIFICATION: Danger. Intempérance. Solitude. Violence. Sens artistique. Esprit critique. Risque de mort subite et prématurée par accident ou maladie. Risque d'emprisonnement physique ou moral. Le natif qui a cette étoile dans son zodiaque de naissance aura, malgré les apparences, la possibilité d'obtenir une très grande réussite sociale. Toutefois, cette réussite est souvent précédée ou suivie d'épreuves très difficiles à vaincre et à surmonter. Cela donne au natif l'impression d'avoir au-dessus de sa tête l'épée de Damoclès. Malgré tout, une force intérieure pousse le natif à aller de l'avant et faire fi de cette sensation. Pour voir la nature des événements, on doit accorder une très grande attention au thème de naissance du natif et voir la qualité des aspects de Saturne et de Mercure avec cette étoile.

ÂGES DE RÉFÉRENCES:

ASPECTS:

POURCENTAGE/VALEUR:

NOM: AL-GORAB.

SIGNIFICATION: Malhonnêteté. Furtivité. Risque de déchéance. Forte tendance à la gourmandise. Indélicatesse. Agressivité. Malice. Forte passion. Forte tendance au matérialisme. Le natif qui a cette étoile dans son thème de naissance sera très probablement influencé tout au long de sa vie par les défauts que le destin lui fera subir. Toutefois, leur importance sera plus ou moins grande en fonction des aspects de cette étoile dans son thème de naissance quand il y a des dissonances plus ou moins importantes, surtout les quadratures et les oppositions qui impliquent Saturne, Mars, le Soleil, la Lune et les angles des Maisons. On jugera de l'orientation des défauts en fonction des indications de la Maison. Exemple: l'étoile conjointe à Mars en carré de l'angle de la Maison II indique que l'obtention des biens se fait par le biais des défauts.

ÂGES DE RÉFÉRENCES:

ASPECTS:

POURCENTAGE/VALEUR:

NOM: AL-HECKA.

SIGNIFICATION: Réaction rapide. Honneur. Risque de violence. Danger par la foudre et l'électricité. Bouleversement. Épreuves difficiles. Risques d'accidents. Le natif qui a cette étoile dans son zodiaque de naissance ne devra pas se morfondre et attendre que le ciel lui tombe sur la tête. Il pourrait gâcher sa vie en vain, car les événements que cette étoile annonce peuvent se produire n'importe quand, et tellement vite que le natif aura à peine le temps de s'en rendre compte. Cette étoile implique deux planètes qui produisent des événements très rapides et soudains. Afin de pouvoir juger de l'impact de cette étoile sur la destinée du natif, on devra tenir compte de la Maison où elle réside, de ses aspects, des âges de références où elle exerce son maximum d'influence ainsi que de son pourcentage d'actualisation.

ÂGES DE RÉFÉRENCES:

ASPECTS:

POURCENTAGE/VALEUR:

NOM: AL-PHERG.

SIGNIFICATION: Spontanéité. Autorité. Persévérance. Habileté. Sens des relations et des affaires. Risques de problèmes psychologiques. Épreuves à la maturité. On peut dire sans trop se tromper que le natif qui a cette étoile dans son zodiaque de naissance obtiendra vraisemblablement une très belle réussite grâce à sa ténacité et à sa persévérance. Car cette étoile n'est pas exempte d'épreuves. Le natif risque d'être affecté, surtout sur le plan psychologique, d'autant plus qu'il aura de la difficulté à se faire valoir et à obtenir le succès désiré. Afin de pouvoir juger de l'impact de cette étoile sur la destinée du natif, on devra tenir compte de la Maison où elle réside, de ses aspects, des âges de références où elle exerce le maximum de son influence ainsi que de son pourcentage d'actualisation des événements.

ÂGES DE RÉFÉRENCES:

ASPECTS:

POURCENTAGE/VALEUR:

NOM: AL-LABHAH.

SIGNIFICATION: Risque de chute. Risque de mort subite et prématurée. Isolement. Tendance atrabilaire. Déplacement obligatoire et immigration. Possibilité de succès, d'honneurs et de réussite sociale. Le natif qui a cette étoile dans son zodiaque de naissance ne devra pas prendre au pied de la lettre les effets néfastes qu'elle indique, mais il faudra quand même se méfier de ses accès de colère qui peuvent obscurcir sa pensée et lui faire commettre des actes regrettables. Comme on peut le voir, cette étoile n'est pas nécessairement contraire à la réussite qui résulte bien souvent de déplacements ou de changements obligatoires. Pour pouvoir juger de l'importance de la réussite, on doit considérer l'ensemble du thème de façon à voir l'orientation bénéfique des étoiles du zodiaque natal.

ÂGES DE RÉFÉRENCES:

ASPECTS:

POURCENTAGE/VALEUR:

NOM: ALBIREO.

SIGNIFICATION: Charme. Prestance. Sens de l'hospitalité. Nature aimable. Talents. Amour des arts et du luxe. Nature sensible. Risque de problèmes affectifs. Le natif qui a cette étoile dans son zodiaque de naissance aura le pouvoir de se prendre en main pour réaliser son destin. On peut dire, sans trop se tromper, qu'il n'hésitera pas à l'utiliser surtout s'il a la possibilité d'entrevoir une grande réussite. A priori, on peut être amené à penser qu'il a raison d'avoir une telle attitude, mais il doit user de prudence et ne pas sauter trop vite aux conclusions, surtout si sa carte du ciel est négative. Afin de pouvoir juger de l'impact de cette étoile sur la destinée, on devra tenir compte de ses aspects, des âges où elle est à son maximum d'influence ainsi que de son pourcentage d'actualisation.

ÂGES DE RÉFÉRENCES:
ASPECTS:
POURCENTAGE/VALEUR:

NOM: ALDEBARAN.
SIGNIFICATION: Militarisme. Honneur public. Risque de violence. Amour des défis et de la lutte. Nature courageuse. Pousse le natif vers des organismes de toute espèce. La religion. La musique. Le cinéma. La politique. L'armée. L'aviation. La police. La marine. La politique. Les sectes de toutes sortes. Le natif qui a cette étoile dans son zodiaque de naissance sera tout naturellement attiré par tout ce qui représente une organisation structurée avec une hiérarchie établie et un sens de la confrérie. Il est très possible que le natif n'arrive jamais à réaliser son aspiration et, si tel est le cas, on peut dire qu'il ressentira un vide profond dans son for intérieur. Si le natif réalise ses aspirations avec le concours des aspects bénéfiques de Mars, du Soleil, de la Lune, de Jupiter, il peut obtenir beaucoup de succès.

ÂGES DE RÉFÉRENCES:
ASPECTS:
POURCENTAGE/VALEUR:

NOM: ALDERAMIN.
SIGNIFICATION: Dignité. Vertu. Patience. Implacable. Fierté de caractère. Sens du devoir. Nature inquiète et austère. Grand risque d'épreuves difficiles. Le natif qui a cette étoile dans son zodiaque de naissance sera enclin à s'isoler de la société en général et à vivre replié sur lui. Même quand le natif a une situation en vue, il aura tendance à se servir de son entourage pour mieux s'isoler. Il donnera l'impression qu'il se place sur un piédestal de façon à voir le monde évoluer à ses pieds. Toutefois, malgré l'image que le natif projette, la réussite peut être plus importante qu'on ne pourrait le croire a priori, surtout si l'étoile reçoit des aspects favorables de Saturne, Jupiter, du Soleil, de la

Lune et des Maisons I et X. En cas de mauvais aspects, le risque d'épreuves difficiles s'actualise.

ÂGES DE RÉFÉRENCES:

ASPECTS:

POURCENTAGE/VALEUR:

NOM: ALGEIBA.

SIGNIFICATION: Belle réussite. Prestige. Gloire. Renommée. Danger par les armes le feu. Risque de mort prématurée. Risques d'accidents. Risque de maladie. Le natif qui a cette étoile dans son zodiaque de naissance a de très grandes chances de voir s'actualiser le sens bénéfique de cette étoile. Cela est d'autant plus vrai quand l'étoile reçoit des aspects bénéfiques de Saturne, de Vénus, du Soleil, de la Lune, de Jupiter et des Maisons angulaires. Dans le cas où il y a des mauvais aspects, on devra juger de leur importance et de la place où ils se trouvent dans le zodiaque pour évaluer de quelle nature seront les risques et le danger pour le natif. Avant de porter un jugement sur les épreuves, il faudra évaluer l'ensemble du zodiaque et la qualité des étoiles qui forment le thème de naissance.

ÂGES DE RÉFÉRENCES:

ASPECTS:

POURCENTAGE/VALEUR:

NOM: ALGENIB.

SIGNIFICATION: Ambition. Entêtement. Courage. Tempérament prétentieux. Risque de perte du prestige. Risques de chutes avec blessures. Épreuve difficile. Succès. Prestige. Réussite sociale. Le natif qui a cette étoile dans son zodiaque de naissance a très probablement la possibilité d'obtenir une belle réussite sociale si le destin le permet, par le biais des aspects bénéfiques que cette étoile reçoit de Mars, de Mercure, du Soleil, de la Lune, de Jupiter et des Maisons I et X. Dans le cas où les aspects sont maléfiques, on devra surveiller avec une grande attention l'ensemble du thème de naissance afin de pouvoir juger de leur importance et voir dans quel secteur de la vie du natif les aspects exerceront leurs effets. Il va de soi que, dans un cas comme dans l'autre, la réalisation sera d'autant plus actuelle que l'orbe est proche du 0.

ÂGES DE RÉFÉRENCES:

ASPECTS:

POURCENTAGE/VALEUR:

NOM: ALGOL.

SIGNIFICATION: Sentence fatale. Fin de vie brutale et prématurée. Grand risque de violence. Prédestination bonne ou mauvaise selon le cas. Épreuves difficiles à surmonter. Emprise inéluctable du destin. Grand bouleversement. Puissance. Le natif qui a cette étoile dans son zodiaque de naissance sera à même de constater la puissance et l'emprise du destin sur la vie, d'autant plus que les aspects que cette étoile forme avec les autres étoiles, les luminaires, les Noeuds lunaires, les astéroïdes, la Lune Noire, Gaïa, les autres planètes, Saturne et Jupiter, sont proches du 0. Quand Jupiter et Saturne sont favorablement aspectés, cela indique une très grande possibilité d'obtenir la puissance et le pouvoir d'autant plus que les Maisons angulaires, le Soleil et la Lune sont bénéfiques. Dans le cas contraire, il y a catastrophe.

ÂGES DE RÉFÉRENCES:

ASPECTS:

POURCENTAGE/VALEUR:

NOM: ALHENA.

SIGNIFICATION: Honneurs. Succès. Renommée. Sens artistique. Amour du luxe. Tendance à la luxure. Désagréments. Bouleversement. Chagrin. Isolement. Claustration. Le natif qui a cette étoile dans son zodiaque de naissance a de très bonnes chances de voir s'actualiser les effets bénéfiques à un moment quelconque de sa vie. Afin de pouvoir trouver le secteur où les effets bénéfiques ou maléfiques risquent de se produire, on accordera une très grande attention à la position de l'étoile dans l'ensemble du zodiaque de naissance du natif. La quadrature 90 degrés et l'opposition 180 degrés représentent des aspects maléfiques et le sextile 60 degrés et le trigone 120 degrés représentent des aspects bénéfiques, surtout quand cela implique Mercure, Vénus et les luminaires à 0 degré d'orbe.

ÂGES DE RÉFÉRENCES:

ASPECTS:

POURCENTAGE/VALEUR:

NOM: ALIOTH.

SIGNIFICATION: Magnétisme. Persévérance. Passion. Pertes au sens large du mot. Don de la parole et des communications. Imprévoyance. Bouleversement. Risques de problèmes psychologiques. Épreuve intime. Le natif qui a cette étoile dans son zodiaque de naissance pourra constater la puissance inéluctable du destin dans sa vie intime et personnelle. Par le biais de cette étoile, il aura très probablement le sentiment que sa vie sur terre n'est pas l'effet du hasard. Bien au contraire, le natif ressentira un très grand besoin d'être en évidence de façon à pouvoir s'accomplir. Dans ce cas, il est très important d'analyser l'ensemble du zodiaque du natif pour voir dans quelle période de la vie les événements bénéfiques ou maléfiques risquent de s'actualiser. Pour ce faire, on doit prendre l'orbe 0 ou le plus proche.

ÂGES DE RÉFÉRENCES:

ASPECTS:

POURCENTAGE/VALEUR:

NOM: ALMACH.

SIGNIFICATION: Arts. Beauté. Honneurs. Amour du luxe. Craintes chimériques. Bonne possibilité d'obtenir une très grande réussite sociale. Changement important. Risque d'accident et de maladie. Bouleversement. Le natif qui a cette étoile dans son zodiaque de naissance a de très grandes chances de voir dans sa vie l'actualisation des effets bénéfiques que cette étoile annonce. Cela est d'autant plus réaliste que son thème de naissance est favorablement aspecté par Vénus, le Soleil, la Lune et dans les Maisons angulaires I, IV, VII et X. Dans le cas contraire, quand les aspects sont négatifs, on peut dire que cela favorise l'émergence des difficultés que cette étoile annonce. Pour juger de leur importance, on devra toujours tenir compte que plus l'orbe est proche du 0, plus l'événement à vivre sera important.

ÂGES DE RÉFÉRENCES:

ASPECTS:

POURCENTAGE/VALEUR:

NOM: ALNILAM.

SIGNIFICATION: Réussite par le travail et le mérite personnel. Coups de chance éphémères. Honneurs publics. Bonne possibilité d'héritage. Recherche. Curiosité. Le natif qui a cette étoile dans son zodiaque de naissance a de très grandes chances de recevoir un héritage plus ou moins important, et cela en rapport avec le sens de la Maison la plus aspectée. Il peut s'agir d'un héritage aussi bien pécuniaire que spirituel. Cette étoile n'a pas a priori d'effets contraires. Elle ne présente pas d'obstacles majeurs, même avec des aspects négatifs qui la touchent. Toutefois, la curiosité demeure très grande. Quand cette étoile reçoit dans le thème de naissance du natif beaucoup d'aspects positifs, cela peut indiquer une très grande possibilité d'obtenir une belle réussite sociale avec les honneurs du public, surtout quand les orbes sont près du 0.

ÂGES DE RÉFÉRENCES:

ASPECTS:

POURCENTAGE/VALEUR:

NOM: ALNITACK.

SIGNIFICATION: Changement. Révolution. Bouleversement. Recherche de la nouveauté. Isolement. Fluctuation du destin. Retard. Dispositions géniales. Talent spécial. Épreuves difficiles. Risque d'intoxication. Le natif qui a cette étoile dans son zodiaque de naissance ne devra pas trop vite déduire que le destin lui a accordé le génie par le biais de cette étoile. Cependant, il est possible que cela soit le cas. On doit donc considérer attentivement l'ensemble du thème de naissance de façon à voir où peuvent se situer les aspects qui indiquent que le natif peut avoir des dispositions à être génial ou bien à avoir un talent spécial. Exemples: Walt Disney a 0.15 du milieu du ciel. Ramakrishna a 0.45 du fond du ciel. Isaac Newton a 0.45 de la Maison IX.

ÂGES DE RÉFÉRENCES:

ASPECTS:

POURCENTAGE/VALEUR:

NOM: ALPHARD.

SIGNIFICATION: Tendance à l'immoralité en général. Entêtement. Magnétisme. Nature passionnée. Risque d'isolement. Réussite sociale. Risque d'empoisonnement. Le natif qui a cette étoile dans son zodiaque de naissance obtiendra très probablement une belle réussite sociale. Cela résulte souvent de son magnétisme qu'il n'hésite pas à employer pour pouvoir obtenir ce qu'il désire. La réussite sera d'autant plus grande que les aspects bénéfiques qui sont dans l'ensemble du thème de naissance du natif sont puissants, c'est-à-dire en trigone avec Saturne, Vénus, le Soleil, la Lune, Jupiter ainsi qu'avec les Maisons angulaires I, IV, VII et X, surtout quand l'orbe est très proche de 0 degré. Quant aux aspects maléfiques, on prendra ceux qui sont en carré et en opposition le plus proche du 0 degré d'orbe.

ÂGES DE RÉFÉRENCES:

ASPECTS:

POURCENTAGE/VALEUR:

NOM: ALPHECCA.

SIGNIFICATION: Dons artistiques. Charme. Honneurs. Richesse. Prestance. Élégance. Sens commercial. Amour du luxe et des réceptions. Amour de l'art en général. Le natif qui a la chance d'avoir cette étoile dans son thème de naissance a très certainement des grandes possibilités de voir s'actualiser les effets bénéfiques de cette étoile. Cela est d'autant plus évident que les aspects positifs de son zodiaque de naissance qui impliquent Vénus, Saturne, le Soleil, la Lune et les Maisons angulaires, sont proches du 0. Quand le thème du natif est fortement influencé par des aspects maléfiques avec les mêmes planètes et les mêmes Maisons, il y a un risque évident de manque de goût, de luxure, de grossièreté, de malhonnêteté, de déchéance, qui fait souvent suite à une conduite plus ou moins honteuse.

ÂGES DE RÉFÉRENCES:

ASPECTS:

POURCENTAGE/VALEUR:

NOM: ALPHERAT

SIGNIFICATION: Amour. Richesse. Intelligence. Caractère indépendant. Sens de la justice. Grande possibilité d'élévation. Risque d'accident. Charme. Foi. Le natif qui a cette étoile dans son zodiaque de naissance ne devra pas penser que la richesse tombera du ciel. Mais il doit se prendre en main et faire les efforts nécessaires pour l'acquérir. Cette démarche peut être facilitée avec le concours du destin par le biais des aspects positifs qui peuvent être dans le thème de naissance du natif: les sextiles et les trigones avec les luminaires, les planètes, surtout Jupiter et Vénus. On doit aussi tenir compte des Maisons de façon à situer le secteur. Toutefois, si l'on constate qu'il y a des aspects négatifs avec les mêmes significateurs, cela peut favoriser le risque si l'orbe est proche de 0.

ÂGES DE RÉFÉRENCES:
ASPECTS:
POURCENTAGE/VALEUR:

NOM: ALTAIR.
SIGNIFICATION: Passion. Ambition. Courage. Risque d'emprisonnement. Bouleversement. Caractère autoritaire. Risque de trahison. Révolte. Sens du leadership. Épreuves. Le natif qui a cette étoile dans son zodiaque de naissance, malgré toutes les qualités qu'elle laisse supposer, risque d'être un tantinet crédule. Il peut donc être victime de malice dans son entourage. Cela peut favoriser l'émergence d'une certaine dureté du caractère et faire poser au natif des gestes regrettables. On peut dire, malgré tout, que la réussite a des bonnes chances de s'actualiser, surtout si le thème de naissance du natif est favorable. Afin de pouvoir juger de l'impact de cette étoile sur la destinée, on devra tenir compte de ses aspects, des âges où elle est à son maximum d'influence ainsi que du pourcentage d'actualisation.

ÂGES DE RÉFÉRENCES:
ASPECTS:
POURCENTAGE/VALEUR:

NOM: ANON-AUSTRAL.
SIGNIFICATION: Fièvres. Agressivité. Risque d'aveuglement. Besoin de paraître. Ambition. Passion. Gloire. Succès. Grand risque de chute et de déchéance. Le natif qui a cette étoile dans son zodiaque de naissance a possiblement de très grandes chances d'obtenir une belle réussite sociale et même la gloire. Toutefois, pour l'obtention d'une telle réussite, il va falloir que le destin accorde au natif des aspects très favorables dans son thème de naissance, à savoir des trigones et des conjonctions près du 0 degré d'orbe et un maximum de planètes favorables, particulièrement avec Mars, le Soleil et la Lune. En outre, on se doit de prendre en compte les Maisons de façon à pouvoir juger de la qualité des aspects. Quand il y a des aspects défavorables très puissants, le sens négatif de cette étoile s'actualise.

ÂGES DE RÉFÉRENCES:
ASPECTS:
POURCENTAGE/VALEUR:

NOM: ANON-NORD.

SIGNIFICATION: Nature charitable et serviable. Tendance à la fraude. Risque de brûlure. Risque de mort prématurée. Force de caractère. Belle réussite sociale. Le natif qui a cette étoile dans son zodiaque de naissance obtiendra très probablement une très belle réussite dans le domaine que le destin lui a fait choisir. Cependant, il devra être sur ses gardes quand il se servira du feu, car cette étoile indique un danger puissant par le feu. Cela est encore plus évident quand cette étoile est fortement aspectée par des aspects négatifs. Les risques peuvent s'actualiser en fonction de son pourcentage d'actualisation. Toutefois, si les aspects sont plus positifs que négatifs, on peut dire sans trop se tromper que le natif obtiendra une très belle réussite en fonction du pourcentage d'actualisation.

ÂGES DE RÉFÉRENCES:

ASPECTS:

POURCENTAGE/VALEUR:

NOM: ANTARES.

SIGNIFICATION: Grande ambition. Nature audacieuse. Belle réussite sociale. Succès. Imprudence. Obstination. Recherche de la gloire. Risque de mort prématurée. Sens de la justice. Grandeur d'âme. Le natif qui a cette étoile dans son zodiaque de naissance ne passera pas inaperçu dans son entourage, surtout quand son étoile a un pourcentage d'actualisation très puissant. Toutefois, avant de se faire une idée de la valeur de cette étoile sur le destin, on devra analyser l'ensemble du zodiaque, les aspects que cette étoile reçoit d'un ou de plusieurs significateurs et la nature des autres étoiles du zodiaque de naissance. Quand il y a une majorité d'aspects négatifs qui affectent l'étoile et que le zodiaque est positif dans son ensemble, on peut dire que les aspects négatifs de l'étoile seront amoindris en fonction du pourcentage d'actualisation.

ÂGES DE RÉFÉRENCES:

ASPECTS:

POURCENTAGE/VALEUR:

NOM: ARCTURUS.

SIGNIFICATION: Les honneurs. La gloire. La chance. La fortune. La réussite sociale. La prospérité. Les voyages. Recherche de la gloire. Risque de problèmes et de procès liés à la réussite sociale. Ambition. Le natif qui a cette étoile dans son zodiaque de naissance obtiendra vraisemblablement une grande réussite sociale, surtout que les aspects que cette étoile reçoit sont positifs et que le pourcentage d'actualisation est important. Il est certain que quand l'ensemble du zodiaque est négatif, la possibilité de bénéficier des avantages de cette étoile est diminuée, encore plus quand les aspects négatifs sont importants. Il y a de très grandes possibilités que le destin n'accorde qu'une partie des avantages que cette étoile donne au natif. Si l'étoile est à 0.00 de Jupiter en Maison X, le natif peut tout obtenir.

ÂGES DE RÉFÉRENCES:

ASPECTS:

POURCENTAGE/VALEUR:

NOM: ARMUS.

SIGNIFICATION: Tempérament instable et querelleur. Tendance à l'imprudence. Caractère pénible. Risque de blessure. Bonne possibilité de richesse. Honneurs publics. Force de caractère. Réussite par la volonté. Tempérament jovial. Force. Le natif qui a cette étoile dans son zodiaque de naissance pourra constater la puissance du destin et les détours qu'il nous fait faire pour aller d'un point à un autre de manière à accomplir sa volonté. Car, malgré sa tendance à être querelleur, pénible et imprudent, il pourra vraisemblablement obtenir une très belle réussite. Cela a d'autant plus de chances d'arriver quand l'étoile et l'ensemble du zodiaque sont favorablement aspectés par les significateurs et les autres étoiles fixes. Le contraire se produit quand les aspects sont négatifs. On devra tenir compte du pourcentage d'actualisation.

ÂGES DE RÉFÉRENCES:

ASPECTS:

POURCENTAGE/VALEUR:

NOM: ARNEB.

SIGNIFICATION: Agilité. Fécondité. Promptitude. Don de la parole et de l'écriture. Tempérament impatient et fébrile. Risque de chute au sens large du mot. Doute. Risque d'isolement ou d'emprisonnement. Grande possibilité d'élévation. Le natif qui a cette étoile dans son zodiaque de naissance a probablement en main la possibilité d'obtenir une très belle réussite sociale. Mais, pour ce faire, il devra aller dans le sens de ses étoiles et faire confiance à son destin. Afin de juger de l'ampleur de la réussite du natif, on devra prendre en compte l'ensemble du zodiaque et analyser les différents aspects qu'il y a entre les significateurs et les étoiles fixes. Il faut aussi considérer le pourcentage d'actualisation des événements et l'âge où cette étoile a le plus de chances de se réaliser. Le contraire se produit quand l'ensemble est négatif.

ÂGES DE RÉFÉRENCES:

ASPECTS:

POURCENTAGE/VALEUR:

NOM: ASCELLA.

SIGNIFICATION: Grande réussite. Honneurs. Chance. Fortune. Esprit vif et agile. Fortes passions. Sens du sacrifice. Nature malicieuse. Tendance aux mensonges. Le natif qui a cette étoile dans son zodiaque de naissance a vraiment de la chance, car il est fort rare de trouver tous ces éléments réunis dans un même thème. De ce fait, on peut en conclure que le natif obtiendra très probablement une très grande réussite, surtout quand son zodiaque de naissance est majoritairement aspecté par des aspects positifs et que le pourcentage d'actualisation est proche du 100 %. On devra aussi tenir compte des âges où il y a une grande probabilité pour que les événements annoncés se produisent. Quand les aspects sont majoritairement négatifs, cela peut freiner, même annuler la possibilité de réussite.

ÂGES DE RÉFÉRENCES:

ASPECTS:

POURCENTAGE/VALEUR:

NOM: BATEN-KAITOS.

SIGNIFICATION: Réussite sociale. Émigration. Changement. Honneurs publics. Risque de chute au sens large du mot. Risque d'événements violents. Déportation. Départ difficile. Risque d'isolement. Épreuves. Le natif qui a cette étoile dans son zodiaque de naissance pourra vraisemblablement obtenir une belle réussite sociale malgré les avatars et les épreuves que cette étoile indique. Il est fort possible que les difficultés surviennent quand le natif aura obtenu une certaine réussite. Pour déterminer l'ampleur de la réussite et des épreuves, on devra tenir compte des aspects que cette étoile forme avec les significateurs, et aussi avec ceux de l'ensemble du zodiaque de naissance du natif. Toutefois, on peut dire que peu importe la nature des aspects, le natif éprouvera quand même un grand besoin de changement à un moment de sa vie.

ÂGES DE RÉFÉRENCES:
ASPECTS:
POURCENTAGE/VALEUR:

NOM: BELLATRIX.
SIGNIFICATION: Affirmation de soi par mariage ou association. Amis éminents. Honneurs. Richesse. Ambivalence des sens et de la personnalité. Risque de revers et de déshonneur. Risque d'accident avec blessure. Le natif qui a cette étoile dans son zodiaque de naissance aura très certainement la possibilité de voir avec quelle puissance le destin peut influencer sa vie. On peut dire sans trop se tromper qu'il obtiendra vraisemblablement une très belle réussite et les honneurs qui s'y rattachent par un mariage, une association ou bien des amis éminents. Il va de soi que pour l'obtention d'une telle réussite, le destin aura son mot à dire par le biais des aspects que cette étoile reçoit des significateurs du zodiaque. On devra aussi tenir compte de la valeur de l'ensemble du thème. Quand les aspects sont négatifs, c'est le contraire qui se produit.

ÂGES DE RÉFÉRENCES:
ASPECTS:
POURCENTAGE/VALEUR:

NOM: BENETNASH.
SIGNIFICATION: Amour des défis. Combativité. Hardiesse. Nature courageuse. Forte personnalité. Tendance à la révolte. Nature colérique et rancunière. Risque de mort prématurée. Le natif qui a cette étoile dans son zodiaque de naissance a probablement des grandes chances de sentir ses effets à un moment quelconque de sa vie. Cela pourra l'aider ou, au contraire, le desservir, selon la nature des aspects que l'étoile reçoit des significateurs de l'horoscope et aussi selon la qualité de l'ensemble du thème de naissance du natif. Afin de pouvoir juger adéquatement de l'ampleur de la réussite ou des épreuves, on devra analyser attentivement l'ensemble des étoiles du zodiaque, leurs valeurs, les aspects qu'elles ont avec les significateurs et les autres étoiles, en plus de tenir compte de leur

pourcentage et des âges auxquels les événements pourront se produire.

ÂGES DE RÉFÉRENCES:

ASPECTS:

POURCENTAGE/VALEUR:

NOM: BERENICE.

SIGNIFICATION: Voyages et déplacements multiples. Coups de chance. Gains par loterie ou jeux. Forte attirance pour l'occultisme. Piété. Magnétisme. Nature attachante. Risque de problèmes psychologiques. Personnalité exubérante. Charme. Le natif qui a cette étoile dans son zodiaque de naissance éprouvera très probablement un grand besoin de voyages et de déplacements. On peut dire en outre que, de par sa nature, il sera plutôt du genre démonstratif avec une tendance au repliement sur soi. Comme on peut le constater, cette étoile ne fait pas subir d'épreuves ou de difficultés majeures. Au contraire, elle indique une possibilité de gains instantanés. Pour juger de l'importance de l'étoile dans la vie, on analysera ses aspects avec les significateurs et les autres étoiles, le pourcentage d'actualisation et l'âge où cela peut arriver.

ÂGES DE RÉFÉRENCES:

ASPECTS:

POURCENTAGE/VALEUR:

NOM: BETELGEUSE.

SIGNIFICATION: Grande réussite. Forte indication de richesse. Chance en général aux jeux et autres. Grande possibilité de renommée. Honneurs. Talents. Magnétisme. Risque de brûlure. Danger par la foudre. Le natif qui a la très grande chance d'avoir cette étoile dans son zodiaque de naissance sera très probablement choyé par le destin. Il devrait obtenir vraisemblablement une très belle réussite sociale, à moins que son zodiaque de naissance ne reçoive de très mauvais aspects des planètes, des luminaires, des Maisons, des astéroïdes, des Nœuds, de Gaïa, de Chiron et de Lilith. Afin d'émettre un jugement valable sur la possibilité d'actualisation du sens de cette étoile, on devra aussi tenir compte de la qualité de l'ensemble du zodiaque, y compris les autres étoiles qui le composent.

ÂGES DE RÉFÉRENCES:

ASPECTS:

POURCENTAGE/VALEUR:

NOM: BOS.
SIGNIFICATION: Patience. Persévérance. Force du raisonnement. Habileté. Activité. Intelligence. Force de caractère.
Foi. Risque de problèmes affectifs. Tendance à l'isolement. Danger par le feu. Risque de problèmes visuels.
Prédisposé à des frictions avec l'entourage. Le natif qui a
cette étoile dans son zodiaque de naissance a vraisemblablement la possibilité d'obtenir une belle réussite sociale
par le biais des qualités inhérentes de cette étoile. Toutefois, avec l'âge, il risque d'avoir un caractère plutôt acariâ-
tre, ce qui pourrait lui valoir des frictions avec son entourage. Afin de pouvoir se faire une idée de la valeur de cette
étoile, on devra tenir compte de la Maison où elle réside,
de ses aspects, des âges de références où elle exerce le
maximum d'influence et de son pourcentage d'actualisation pour les événements qu'elle indique.
ÂGES DE RÉFÉRENCES:
ASPECTS:
POURCENTAGE/VALEUR:

NOM: BUNGALA.
SIGNIFICATION: Protection. Honneurs. Chance. Belle réussite sociale. Magnétisme. Grande réalisation. Gloire. Ambivalence du caractère. Sens de la justice. Foi. Amour des
voyages. Problèmes affectifs. Tendance à la vengeance.
Rancune. Le natif qui a cette étoile dans son zodiaque de
naissance peut, sans l'ombre d'un doute, se considérer
chanceux. Car une telle étoile, même mal aspectée, ne
donnera pas au natif des difficultés majeures. Si, par
contre, elle reçoit des bons aspects des significateurs et
que l'ensemble du zodiaque de naissance est favorablement aspecté, on peut dire sans trop se tromper que la
réussite a de grandes chances d'être importante en fonction de la qualité des aspects. Quoi qu'il en soit, on devra
toujours tenir compte des âges de références où l'étoile
exerce son pouvoir au maximum et du pourcentage d'actualisation.
ÂGES DE RÉFÉRENCES:
ASPECTS:
POURCENTAGE/VALEUR:

NOM: CANOPUS.
SIGNIFICATION: Intelligence. Savoir. Adaptabilité. Bonne
possibilité de réussite. Prééminence. Sens de la justice.
Amour des voyages. Déplacements obligatoires. Fluctua-

tion du destin. Risque d'accident par les liquides en général. Risques de procès. Tendances au conservatisme. Le natif qui a cette étoile dans son zodiaque de naissance a très probablement des grandes chances d'obtenir une belle réussite sociale par le biais des qualités que cette étoile lui donne. Pour ce faire, il devra avoir l'ensemble du zodiaque positif et son étoile devra être favorablement aspectée par les significateurs. Afin de pouvoir se faire une idée de l'impact de cette étoile sur la destinée du natif, on devra considérer la Maison où elle réside, les aspects qu'elle reçoit, l'âge où elle exerce le maximum de son influence et le pourcentage d'actualisation.

ÂGES DE RÉFÉRENCES:

ASPECTS:

POURCENTAGE/VALEUR:

NOM: CAPELLA.

SIGNIFICATION: Persévérance. Élévation. Belle réussite sociale. Honneurs publics. Protection. Renommée. Tendance à l'arrivisme. Inquiétude. Craintes chimériques et utopiques. Esprit révolutionnaire et novateur. Tendance à être provocateur. Le natif qui a cette étoile dans son zodiaque de naissance obtiendra très vraisemblablement une très belle réussite sociale malgré les inquiétudes qu'il peut avoir. Cette réussite pourra être d'autant plus importante quand l'ensemble du zodiaque et l'étoile sont positifs. Afin de juger de son impact sur la destinée du natif, on devra tenir compte de sa position, à savoir de la Maison où elle réside, des aspects qu'elle a avec les autres étoiles et les significateurs, des âges de références où elle exerce le maximum d'influence et du pourcentage d'actualisation des événements qu'elle indique.

ÂGES DE RÉFÉRENCES:

ASPECTS:

POURCENTAGE/VALEUR:

NOM: CAPHIR.

SIGNIFICATION: Courtoisie. Intuition. Sens des relations et des affaires. Tendance à la roublardise. Amour des déplacements et des voyages. Talent spécial. Risque de problèmes en voyage. Tendance au bavardage avec une pointe de commérage. Le natif qui a cette étoile dans son zodiaque de naissance a probablement la possibilité d'obtenir une belle réussite sociale. Mais il doit arriver à canaliser le sens positif de cette étoile en sa faveur et ne pas se laisser aller à trop employer ses tendances vis-à-vis de son entourage. Afin de pouvoir juger de l'importance de cette étoile sur la destinée du natif, on devra considérer la Maison où elle réside, les aspects avec les autres étoiles et les significateurs, les âges de références où elle exerce le maximum d'influence et le pourcentage d'actualisation des événements qu'elle indique.

ÂGES DE RÉFÉRENCES:

ASPECTS:

POURCENTAGE/VALEUR:

NOM: CAPULUS.

SIGNIFICATION: Intelligence. Hardiesse. Combativité. Force. Honneurs. Recherche de la gloire. Succès. Tendances aventureuses. Caractère autoritaire. Tendances aux mensonges. Risque de problèmes aux yeux. Risque de maladie chronique. Le natif qui a cette étoile dans son zodiaque de naissance a probablement un grand besoin d'activités. Pour ce faire, il ira probablement dans le sens de l'étoile afin de réaliser sa destinée. Pour pouvoir juger de l'influence de cette étoile sur la destinée du natif, on devra prendre en compte la Maison où elle réside, analyser la qualité de ses aspects avec les significateurs et les autres étoiles fixes du zodiaque de naissance, les âges de références ou l'étoile exercera très probablement le maximum de son influence ainsi que le pourcentage d'actualisation des événements qu'elle favorise.

ÂGES DE RÉFÉRENCES:

ASPECTS:

POURCENTAGE/VALEUR:

NOM: CASTOR.

SIGNIFICATION: Réussite sociale. Subtilité d'esprit. Distinction. Voyages. Bonne possibilité de succès littéraire. Renommée. Honneurs. Grand risque de disgrâce et de perte du prestige. Tendance à être pernicieux et violent. Bouleversement. Épreuves. Grand risque d'accident et de maladie. Le natif qui a cette étoile dans son zodiaque de naissance a vraisemblablement une grande possibilité d'obtenir une très belle réussite dans le secteur où il exercera son travail, mais il y a un risque de chute qui peut être de la même ampleur. Afin de se faire une idée de l'impact de cette étoile sur la destinée du natif, on devra prendre en considération la Maison où elle est, ses aspects avec les autres étoiles, les significateurs, les âges de références où elle exerce le maximum de son influence et son pourcentage d'actualisation des événements.

ÂGES DE RÉFÉRENCES:

ASPECTS:

POURCENTAGE/VALEUR:

NOM: CASTRA.

SIGNIFICATION: Persévérance. Désirs puissants. Bravoure. Fortes passions. Force de persuasion. Tempérament belliqueux. Difficultés. Perte. Risques d'accidents et de blessures. Tendance au mercantilisme. Épreuves. Début de vie difficile. Le natif qui a cette étoile dans son zodiaque de naissance aura probablement la possibilité d'obtenir une très belle réussite sociale s'il se prend en main et canalise ses énergies dans le sens positif de son étoile. Cette réussite pourra être très importante si cette étoile est favorablement aspectée. Pour juger de l'impact de cette étoile sur la destinée du natif, on devra tenir compte de la Maison où elle demeure, ses aspects avec les autres étoiles, les significateurs, les âges de références où elle exerce le maximum de son influence et le pourcentage d'actualisation des événements.

ÂGES DE RÉFÉRENCES:

ASPECTS:

POURCENTAGE/VALEUR:

NOM: CHEDIR.

SIGNIFICATION: Sens du devoir. Charme. Autorité. Recherche. Goût du pouvoir. Fortes passions. Richesse par les acquisitions. Goût pour les arts en général. Risque d'isolement. Tendance à l'orgueil. Nature arrogante. Tendance à la vantardise. Le natif qui a cette étoile dans son zodiaque de naissance pourra constater lui-même la véracité des événements qu'elle favorise, surtout quand elle est puissante dans la carte du ciel. Afin de pouvoir se faire une idée et d'avoir un jugement valable de l'importance de cette étoile sur la destinée du natif, on devra tenir compte de la Maison où elle réside, de ses aspects avec les autres étoiles et des significateurs, des âges de références où elle exerce le maximum de son influence et aussi de son pourcentage d'actualisation des événements qu'elle favorise.

ÂGES DE RÉFÉRENCES:
ASPECTS:
POURCENTAGE/VALEUR:

NOM: COPULA.
SIGNIFICATION: Fortes passions. Grand risque de problèmes aux yeux avec risque d'aveuglement. Entraves. Spéculations. Subtilité d'esprit. Sens commercial. Bonne mémoire. Magnétisme. Risque de blessure à la tête. Le natif qui a cette étoile dans son zodiaque de naissance a certainement de grandes chances d'obtenir une très belle réussite sociale, surtout s'il va dans le sens de ses étoiles et utilise les qualités de cette étoile aux âges où les effets seront aux maximum de leurs forces. Toutefois, le natif ne devra pas ignorer pour autant les risques que cette étoile annonce et qui prennent le maximum de force aux mêmes âges. Afin de pouvoir juger des effets positifs ou négatifs de cette étoile, on doit tenir compte des aspects qu'elle a avec les Nœuds, les planètes, les luminaires et les astéroïdes le plus près du 0 degré d'orbe.

ÂGES DE RÉFÉRENCES:
ASPECTS:
POURCENTAGE/VALEUR:

NOM: DABIH.
SIGNIFICATION: Inspiration. Mélancolie. Fortes passions. Tendance à l'emballement et au mysticisme. Nature sensible et émotive. Risque d'accident. Bouleversement et changement subit. Belle réussite sociale possible. Quand vous avez cette étoile dans votre zodiaque de naissance, vous devez vous attendre à une sorte de mal de vivre indéfinissable qui rend la vie et les événements difficiles à supporter, surtout quand votre thème de naissance est fortement influencé par des aspects maléfiques vis-à-vis de Saturne, de Vénus, du Soleil, de la Lune et de la pointe des Maisons. Toutefois, quand cette étoile est bien aspectée par Vénus, Saturne, le Soleil, la Lune, Jupiter et les Maisons angulaires, le natif a la possibilité d'obtenir une belle réussite sociale. Le risque d'accident demeure malgré les bons aspects.

ÂGES DE RÉFÉRENCES:
ASPECTS:
POURCENTAGE/VALEUR:

NOM: DENEB-ADIGE.

SIGNIFICATION: Goût pour les études et la recherche au sens large du mot. Amour du savoir. Subtilité d'esprit. Charme. Ingéniosité. Tendances à l'onirisme et à la contemplation. Grand risque de problèmes affectifs. Tendance à l'ingénuité. Le natif qui a cette étoile dans son zodiaque de naissance aura probablement des dispositions pour les études et la recherche en général, que ce soit pour sa culture personnelle ou bien pour exercer une profession qui demande une grande connaissance générale. Afin de se faire une idée et de pouvoir juger de l'impact de cette étoile sur la destinée du natif, on devra tenir compte de la maison où elle réside et de l'influence de ses aspects avec les autres étoiles et les significateurs, des âges de références où elle est au maximum de son influence et de son pourcentage d'actualisation des événements.

ÂGES DE RÉFÉRENCES:

ASPECTS:

POURCENTAGE/VALEUR:

NOM: DENEB-ALGENIB.

SIGNIFICATION: Grande possibilité d'obtenir la réussite, les honneurs, la gloire et la renommée. Prédisposé à avoir un goût très fort pour le faste et le décorum. Indique une forte tendance à l'isolement. Tendance à l'obstination et au mensonge. Risque d'emprisonnement au sens large du mot. Événements subits et chamboulement imprévisible. Déshonneur et destruction au sens large du mot. Le natif qui a cette étoile dans son zodiaque de naissance a de très grandes chances d'obtenir une belle réussite, surtout quand la carte du ciel est bien aspectée. Pour juger de l'impact de cette étoile sur la destinée du natif, on devra tenir compte de ses aspects avec les étoiles fixes, les significateurs, les âges de références où elle exerce le maximum de son influence ainsi que le pourcentage d'actualisation des événements qu'elle favorise.

ÂGES DE RÉFÉRENCES:

ASPECTS:

POURCENTAGE/VALEUR:

NOM: DENEB.

SIGNIFICATION: Autorité. Hardiesse et combativité. Chance. Gains par loteries ou autres jeux. Belle réussite sociale. Succès. Magnanimité. Amour des voyages et des déplacements. Caractère dominateur. Épreuves en voyage. Bouleversements. Le natif qui a cette étoile dans son zodiaque de naissance a probablement de très grandes chances d'obtenir une très belle réussite sociale et d'avoir de surcroît la possibilité de faire des gains importants à la loterie ou aux jeux de hasard en général. Cela est d'autant plus évident quand le natif est né avec un zodiaque favorablement aspecté. Afin de pouvoir se faire une idée sur la qualité de cette étoile, on devra tenir compte de ses aspects avec les significateurs, de la Maison où elle réside, des âges de références où elle a le maximum d'influence et de son pourcentage d'actualisation des événements.

ÂGES DE RÉFÉRENCES:

ASPECTS:

POURCENTAGE/VALEUR:

NOM: DENEBOLA.

SIGNIFICATION: Générosité. Serviabilité. Charme. Passion. Personnalité attachante. Foi. Difficultés personnelles. Problèmes affectifs. Regrets. Risque d'intoxication. Épreuves par les éléments de la nature. Risque de problèmes avec les yeux. Le natif qui a cette étoile dans son zodiaque de naissance sera à même de constater avec quelle puissance le destin peut influencer sa vie en général. Car, par le biais de cette étoile, il aura à subir certaines épreuves qui lui arrivent au moment où il s'y attend le moins. Mais il est très rare qu'elles durent longtemps et qu'elles affectent profondément la vie du natif. Afin de pouvoir juger de l'importance des épreuves à subir, on devra tenir compte des aspects de l'ensemble du zodiaque de naissance et de cette étoile avec les significateurs. Ne pas oublier les âges et le pourcentage d'actualisation.

ÂGES DE RÉFÉRENCES:

ASPECTS:

POURCENTAGE/VALEUR:

NOM: DIPHDA.

SIGNIFICATION: Dignité. Prestige. Labeur. Problèmes de santé. Nature charitable. Isolement. Risque de mort prématurée. Sensibilité. Bouleversement. Contraintes. Le natif qui a cette étoile dans son zodiaque de naissance aura de très grandes chances d'obtenir une belle réussite sociale. Mais, pour ce faire, il aura à surmonter des difficultés imprévisibles qui se produisent bien souvent au moment où tout semble baigner dans un calme parfait. Toutefois, le natif devra prendre en considération que ses difficultés ne perdureront pas toute sa vie, surtout si, dans son thème de naissance, il y a une majorité d'étoiles bénéfiques. Si c'est le cas, il devra employer le maximum de ses capacités pour faire incliner le destin en sa faveur.

ÂGES DE RÉFÉRENCES:

ASPECTS:

POURCENTAGE/VALEUR:

NOM: DIRAH.

SIGNIFICATION: Force intérieure. Magnétisme. Pouvoir mystique. Protection. Risque de maladie et d'invalidité. Amour des voyages. Bouleversement. Chagrins. Le natif qui a cette étoile dans son zodiaque de naissance constatera très probablement que, malgré la puissance et le pouvoir qu'il pourrait obtenir par le biais de cette étoile, il ne peut pas changer son destin et devra subir les épreuves qui lui sont réservées, même avec la protection que cette étoile lui donne. Pour juger de l'ampleur de la réussite et des épreuves, on devra tenir compte des aspects bénéfiques ou maléfiques que le natif a dans son thème de naissance, particulièrement ceux qui impliquent Mercure, Vénus, Saturne, le Soleil, la Lune et les Maisons angulaires avec des aspects près de 0 degré d'orbe.

ÂGES DE RÉFÉRENCES:

ASPECTS:

POURCENTAGE/VALEUR:

NOM: DORSUM.

SIGNIFICATION: Combativité. Simplicité. Amour des voyages. Amour de la natation. Amour de l'eau. Début de vie difficile. Risque de tromperie. Bouleversements. Tracas d'ordre général en ce qui regarde plus particulièrement la santé. Grand risque de mort prématurée. Le natif qui a cette étoile dans son zodiaque de naissance obtiendra vraisemblablement une belle réussite, mais il devra y mettre beaucoup de volonté et surtout ne pas lâcher prise. Car rien ne sera facile, surtout quand l'étoile est dominante dans le zodiaque du natif et que, dans son ensemble, il est négatif. Afin de pouvoir juger de l'importance de cette étoile, on devra tenir compte de la Maison

où elle réside, de ses aspects avec les significateurs, des âges de références où elle exerce le maximum de son influence et du pourcentage d'actualisation des événements.
ÂGES DE RÉFÉRENCES:
ASPECTS:
POURCENTAGE/VALEUR:

NOM: DUBHE.
SIGNIFICATION: Grandeur et risque de chute proportionnelle. Sens de la justice. Danger par les armes et le feu. Nature colérique et rancunière. Déplacements. Voyages. Grands bouleversements. Immigration. Générosité. Le natif qui a cette étoile dans son zodiaque de naissance a vraisemblablement la possibilité d'obtenir une très belle réussite sociale. Mais le destin a mis sur sa tête un risque de chute très important et il est proportionnel à l'ampleur de la réussite. En outre, on peut dire aussi que le natif subira des bouleversements importants au moins une fois dans sa vie. Pour juger de l'importance de cette étoile dans l'horoscope du natif, on devra tenir compte de ses aspects avec les significateurs et les autres étoiles fixes, de l'âge de référence où elle est à son maximum d'influence et du pourcentage d'actualisation.
ÂGES DE RÉFÉRENCES:
ASPECTS:
POURCENTAGE/VALEUR:

NOM: EL-NATH.
SIGNIFICATION: Satisfaction. Élévation. Réussite sociale. Fortune. Combativité. Nature généreuse. Chance. Noblesse de caractère. Sens de la justice. Indulgence. Risques d'accidents et de chutes avec blessures. Difficultés d'ordre général. Le natif qui a cette étoile dans son zodiaque de naissance aura probablement la possibilité d'obtenir une très belle réussite sociale. Dans bien des cas, il pourra même être gratifié de la fortune, surtout quand l'ensemble de la carte du ciel est favorable, que l'étoile est dans une Maison angulaire et que, de surcroît, elle est favorablement aspectée. Afin de pouvoir juger de son impact sur la destinée du natif, on devra tenir compte de la Maison ou elle réside, de ses aspects avec les étoiles et

les significateurs, des âges de références où elle est à son maximum et du pourcentage d'actualisation.

ÂGES DE RÉFÉRENCES:
ASPECTS:
POURCENTAGE/VALEUR:

NOM: FACIES.
SIGNIFICATION: Désir de gloire. Goût du risque. Amour des défis. Sens du panache. Combativité. Imprudence. Risque d'accident. Risque de maladie cardiaque. Risque de cécité. Grand risque de mort prématurée et de perte du prestige. Le natif qui a cette étoile dans son zodiaque de naissance aura probablement le goût d'obtenir une très grande réussite et de laisser sa marque en ce bas monde. Mais il y a vraisemblablement très peu de chances pour que cela se produise, car cette étoile peut représenter un obstacle à moins qu'elle ne soit favorablement aspectée. Pour juger de l'impact de cette étoile sur la destinée du natif, on devra tenir compte des aspects avec les autres étoiles et les significateurs, des âges de références où elle exerce le maximum de son influence ainsi que de son pourcentage d'actualisation des événements.

ÂGES DE RÉFÉRENCES:
ASPECTS:
POURCENTAGE/VALEUR:

NOM: FOMALHAUT.
SIGNIFICATION: Grande possibilité d'obtenir la renommée et la gloire. Réussite. Don particulier. Sens commercial. Occultisme. Magnétisme. Caractère difficile et atrabilaire. Tendance à la roublardise et aux mensonges. Le natif qui a cette étoile dans son zodiaque de naissance a très vraisemblablement une grande probabilité d'obtenir une belle réussite, voire la gloire, dans le travail que le destin lui fera accomplir. Afin de déterminer l'importance de cette réussite, on devra tenir compte de la position de cette étoile fixe dans le zodiaque de naissance du natif, des aspects qu'elle reçoit des significateurs et des autres étoiles, des âges de références où elle exerce le maximum de son influence et du pourcentage d'actualisation des événements. Toutefois, on doit avoir présent à l'esprit qu'une étoile seule ne fait pas le destin.

ÂGES DE RÉFÉRENCES:
ASPECTS:
POURCENTAGE/VALEUR:

NOM: FORAMEN.

SIGNIFICATION: Réussite par les acquisitions. Élévation par le travail et le mérite personnel. Tendance au mysticisme. Amour des voyages en général. Amour de l'eau. Risques de problèmes visuels. Risques d'accidents et de chutes. Le natif qui a cette étoile dans son zodiaque de naissance a de très bonnes possibilités d'obtenir une belle réussite sociale en général grâce à son mérite personnel et à son acharnement au travail. Cette réussite a des chances d'être d'autant plus grande quand le destin favorise le natif par le biais d'une carte du ciel favorable. Afin de juger de l'importance de cette étoile sur la destinée du natif, on devra tenir compte de la Maison où elle réside, des aspects qu'elle reçoit des significateurs, des âges de références où elle est à son maximum d'influence et du pourcentage d'actualisation.

ÂGES DE RÉFÉRENCES:

ASPECTS:

POURCENTAGE/VALEUR:

NOM: GIEDI.

SIGNIFICATION: Piété. Sens du sacrifice. Combativité. Forte tendance mystique. Foi. Charme. Succès. Honneurs. Renommée. Voyages. Épreuves difficiles. Bouleversement. Passion dangereuse. Entêtement. Le natif qui a cette étoile dans son zodiaque de naissance aura vraisemblablement la possibilité d'obtenir une très belle réussite dans le milieu où il exercera son activité. Cette réussite sera très probablement liée à la qualité de l'ensemble de la carte du ciel du natif. Afin de pouvoir porter un jugement valable de l'impact de cette étoile sur la destinée du natif, on devra tenir compte de ses aspects avec les autres étoiles, des significateurs, des âges de références où elle exerce le maximum de son influence ainsi que du pourcentage d'actualisation des événements que cette étoile favorisera dans la vie du natif.

ÂGES DE RÉFÉRENCES:

ASPECTS:

POURCENTAGE/VALEUR:

NOM: GRAFFIA.

SIGNIFICATION: Tempérament combatif. Nature persévérante et autoritaire. Grande force de caractère. Tendance à la fourberie et à la malice. Risque de maladie. Le natif qui a cette étoile dans son zodiaque de naissance a probablement de très grandes possibilités d'obtenir une belle réussite sociale s'il arrive à canaliser ses énergies et ses qualités dans le sens positif. Cependant, il est fréquent qu'une telle étoile indique une grande prédisposition à être plutôt négatif et, de ce fait, favoriser l'actualisation des défauts. Afin de pouvoir juger de la qualité et de l'impact de cette étoile sur la destinée du natif, on devra tenir compte de ses aspects avec les autres étoiles et les significateurs du zodiaque, des âges de références où elle exerce le maximum de son influence et de son pourcentage d'actualisation des événements.

ÂGES DE RÉFÉRENCES:

ASPECTS:

POURCENTAGE/VALEUR:

NOM: HAMAL.

SIGNIFICATION: Timidité. Bonne possibilité de réussite, d'honneur et de prestige. La fortune peut être un prélude à la chute. Grande possibilité d'accident et de mort violente. Destruction. Maladie. Tendance à la vantardise. Emprisonnement. Perte du prestige. Grand risque de mort prématurée. Le natif qui a cette étoile dans son zodiaque de naissance aura tendance à penser qu'il a gagné le gros lot en matière de catastrophe et que le ciel va très probablement lui tomber sur la tête avec son cortège d'épreuves. Il est fort possible que ce raisonnement soit faux, car une étoile ne fait pas le destin. Pour juger de son impact sur la destinée, on devra tenir compte de la Maison où elle réside, des aspects des significateurs et des étoiles, des âges de références où elle est à son maximum d'influence ainsi que son pourcentage d'actualisation.

ÂGES DE RÉFÉRENCES:

ASPECTS:

POURCENTAGE/VALEUR:

NOM: HAN.

SIGNIFICATION: Réussite par le travail et le mérite personnel. Sens artistique. Don. Grande activité. Nature passionnée et charitable. Épreuves. Maladie. Risque de disgrâce. Difficultés. Ennemis cachés. Risque de mort prématurée. Le natif qui a cette étoile dans son zodiaque de naissance pourra très vraisemblablement obtenir une belle réussite dans le secteur où il doit exercer son activité principale, malgré les difficultés que l'étoile indique. L'ampleur de la réussite est souvent en relation étroite avec la qualité de l'ensemble de la carte du ciel du natif. Afin de pouvoir juger de l'impact de cette étoile sur la destinée, on devra tenir compte de la Maison où elle réside, des aspects avec les autres étoiles et les significateurs, des âges de références où elle exerce le maximum d'influence ainsi que du pourcentage d'actualisation.

ÂGES DE RÉFÉRENCES:

ASPECTS:

POURCENTAGE/VALEUR:

NOM: ISIDIS.

SIGNIFICATION: Réactions rapides. Nature audacieuse et opiniâtre. Persévérance. Spontanéité. Tendance à la cruauté. Tendance à la fabulation. Nature insolente. Le natif qui a cette étoile dans son zodiaque de naissance ne se reconnaîtra probablement pas, surtout s'il ne considère que le côté négatif. Malgré tout, cette étoile présente des côtés positifs intéressants qui, selon moi, peuvent aider le natif dans son travail et dans sa vie en général. Afin de se faire une idée sur la valeur de cette étoile, on devra tenir compte de ses aspects avec les significateurs et les autres étoiles fixes du zodiaque de naissance du natif. On devra considérer aussi le pourcentage d'actualisation et les âges de références de manière à voir les âges où cette étoile donne le maximum d'influence sur la vie du natif.

ÂGES DE RÉFÉRENCES:

ASPECTS:

POURCENTAGE/VALEUR:

NOM: KAUS-MEDIA.

SIGNIFICATION: Réussite sociale. Désir de gloire. Grande vivacité d'esprit. Foi. Succès. Courage. Danger par les armes et le feu. Risque de tromperie. Mauvaise foi. Risque de mort prématurée. Le natif qui a cette étoile dans son zodiaque de naissance a vraisemblablement la possibilité d'obtenir une très belle réussite dans le domaine où il devra exercer son activité principale, grâce à son acharnement à obtenir la gloire. L'obtention de la réussite sera en relation étroite avec la qualité de la carte du ciel du natif.

Pour pouvoir juger de l'impact de cette étoile sur la destinée, on devra tenir compte de la Maison où elle réside, de ses aspects avec les autres étoiles fixes et les significateurs, des âges de références où elle exerce le maximum d'influence ainsi que de son pourcentage d'actualisation des événements qu'elle indique.

ÂGES DE RÉFÉRENCES:

ASPECTS:

POURCENTAGE/VALEUR:

NOM: KHAMBALLA.

SIGNIFICATION: Spontanéité. Rébellion. Mobilité. Tempérament batailleur. Tendance colérique. Difficultés dans les relations avec l'entourage. Forte tendance au repliement sur soi et à l'isolement. Risque de problèmes psychiques. Le natif qui a cette étoile dans son zodiaque de naissance ne sera pas a priori un être impossible à vivre ou à fréquenter, comme on pourrait avoir la tentation de le croire en regardant la définition de cette étoile. Bien au contraire, malgré les aspects rébarbatifs que le destin envoie au natif, cela peut favoriser l'émergence d'une personnalité hors du commun et permettre au natif d'obtenir une réussite assez extraordinaire par le biais de certaines qualités inhérentes à cette étoile, surtout quand celle-ci est influencée par des aspects positifs de Mercure, de Mars et des luminaires.

ÂGES DE RÉFÉRENCES:

ASPECTS:

POURCENTAGE/VALEUR:

NOM: KIFA-AUSTRALE.

SIGNIFICATION: Réussite sociale. Entêtement. Risque d'intoxication. Prédisposé à la chute et à la perte du prestige. Sens de la justice. Bouleversement. Le natif qui a cette étoile dans son zodiaque de naissance obtiendra très probablement une belle réussite sociale. Il sera aussi doté d'un sens aigu de la justice. Cela n'indique pas pour autant que le natif soit destiné à embrasser la carrière d'avocat ou autres métiers connexes. On peut dire de plus que le natif qui a cette étoile dans son thème de naissance doit tenir compte du fait que le risque de chute et de perte du prestige est très élevé, d'autant plus que les aspects négatifs qui affectent Jupiter, Mars, la Lune, le Soleil et les Maisons I et X sont puissants et très près du 0 degré d'orbe. Les aspects positifs donnent une très belle réussite.

ÂGES DE RÉFÉRENCES:

ASPECTS:

POURCENTAGE/VALEUR:

NOM: KIFA-BORÉALE.

SIGNIFICATION: Belle réussite. Grande persévérance. Belle force de caractère. Chance. Grande ambition. Richesse avec situation de premier rang. Possibilité d'obtenir des grands honneurs. Risque de violence. Déplacements. Voyages. Le natif qui a cette étoile dans son zodiaque de naissance obtiendra très vraisemblablement une très belle réussite sociale, avec bien souvent les honneurs et la richesse qui s'y rattachent. Toutefois, pour son obtention, il ou elle devra s'impliquer le plus possible de façon à l'actualiser. Mais on peut dire que, plus le natif s'impliquera, plus grande sera la réussite. Afin de pouvoir juger de l'impact de cette étoile sur la destinée du natif, on devra tenir compte de la Maison où elle est, de ses aspects, des âges ou elle est à son maximum d'influence ainsi que du pourcentage d'actualisation.

ÂGES DE RÉFÉRENCES:

ASPECTS:

POURCENTAGE/VALEUR:

NOM: KORNEFOROS.

SIGNIFICATION: Nature ardente. Fortes passions. Persévérance. Ténacité. Force de caractère. Goût du risque. Succès au sens large du mot. Tendance à la fourberie. Entêtement. Nature ardente. Tendance à la méchanceté. Grand risque d'accident et de blessures. Le natif qui a cette étoile dans son zodiaque de naissance a vraisemblablement la possibilité d'obtenir du succès dans le domaine où exercera ses qualités. Ce succès pourra être très important en autant que la carte du ciel du natif soit très bien aspectée. Afin de pouvoir juger de l'impact de cette étoile sur la destinée, on devra tenir compte de ses aspects avec les autres étoiles fixes et les significateurs, des âges de références où elle exerce le maximum d'influence ainsi que du pourcentage d'actualisation des événements que cette étoile annonce.

ÂGES DE RÉFÉRENCES:

ASPECTS:

POURCENTAGE/VALEUR:

NOM: L'EPI.

SIGNIFICATION: Réputation. Succès. Arts. Sciences. Renommée. Richesse. Chance pure. Très grande réussite sociale possible. Persévérance. Tendance à manquer de scrupules. Donne une certaine sévérité et des tendances à avoir un comportement injuste vis-à-vis de son entourage immédiat. Risque de maladie chronique. Le natif qui a cette étoile dans son zodiaque de naissance obtiendra très probablement une réussite assez extraordinaire, surtout s'il a le concours du destin par le biais d'une grande qualité de l'ensemble du zodiaque et des autres étoiles fixes de sa carte du ciel. Afin de juger de l'importance de cette étoile sur la destinée, on devra tenir compte de ses aspects avec les significateurs et les autres étoiles, de la Maison où elle réside, des âges de références où elle est à son maximum et du pourcentage d'actualisation.

ÂGES DE RÉFÉRENCES:

ASPECTS:

POURCENTAGE/VALEUR:

NOM: LA POLAIRE.

SIGNIFICATION: Risque de maladie et de ruine. Héritage difficile. Bouleversement. Épreuves difficiles. Magnétisme. Caractère agressif. Risque de mort prématurée. On ne peut pas dire que la chance favorise le natif qui a cette mauvaise étoile dans son zodiaque de naissance. Toutefois, il ne faut pas penser que la vie du natif ne sera qu'épreuves et difficultés de toutes sortes. Il est évident que cette étoile ne les fera pas danser de joie, mais il est fort possible qu'elle n'ait qu'un effet très mineur sur sa vie, surtout si son thème de naissance a une bonne quantité d'étoiles bénéfiques et que la majorité des aspects qu'elles font avec les autres étoiles, les planètes, les luminaires, les Maisons, les Nœuds, les astéroïdes et plus particulièrement Saturne et Vénus sont près du 0 d'orbe.

ÂGES DE RÉFÉRENCES:

ASPECTS:

POURCENTAGE/VALEUR:

NOM: LABRUM.

SIGNIFICATION: Intelligence. Honneurs. Générosité. Caractère idéaliste et pouvoir psychique. Amour de l'eau. Grande possibilité de richesse. Magnétisme. Risque de disgrâce. Vie désordonnée. Forte tendance à l'indécision et à la gourmandise. Bouleversements. Le natif qui a cette étoile dans son zodiaque de naissance a probablement de très grandes possibilités d'obtenir la richesse, voire la fortune et les honneurs, surtout c'' 'and la carte du ciel est très bien aspectée dans son ens⌣mble. Afin de pouvoir juger de l'impact de cette étoile sur la destinée du natif, on devra tenir compte de la Maison où elle réside, de ses aspects avec les autres étoiles fixes et les significateurs, des âges de références où elle exerce le maximum d'influence ainsi que du pourcentage d'actualisation des événements que cette étoile annonce.

ÂGES DE RÉFÉRENCES:

ASPECTS:

POURCENTAGE/VALEUR:

NOM: LES HYADES.

SIGNIFICATION: Talents oratoires. Goût du risque. Amour des défis. Violence. Grand risque d'accident. Revers de fortune. Grand risque de chute avec la perte du prestige. Grand risque de blessure à la tête. Animosité. Problèmes de santé. Risque d'emprisonnement. Grand risque de mort prématurée. Le natif qui a cette étoile dans son zodiaque de naissance ne devra pas a priori se décourager et ne penser qu'aux catastrophes qui peuvent lui tomber sur la tête. Car cette étoile comporte, malgré tout, un côté positif qui peut l'aider. Afin de pouvoir juger de l'impact de cette étoile fixe sur la destinée du natif, on devra tenir compte de la Maison où elle réside, de ses aspects avec les autres étoiles et les significateurs, des âges de références où elle exerce le maximum d'influence et de son pourcentage d'actualisation.

ÂGES DE RÉFÉRENCES:

ASPECTS:

POURCENTAGE/VALEUR:

NOM: LES PLÉIADES.

SIGNIFICATION: Combativité. Courage. Fougue. Bonne possibilité d'élévation et de réussite sociale. Difficulté. Risque d'accident à la tête. Problèmes visuels. Fluctuation du destin. Risque de problèmes psychologiques. Magnétisme. Charme. Personnalité attachante. Le natif qui a cette étoile dans son zodiaque de naissance aura vraisemblablement la possibilité d'obtenir une très belle réussite sociale. Il devra cependant user de prudence dans ses déplacements et dans ses activités, car il y a un grand risque de blessure à la tête. Afin de pouvoir juger de l'impact de l'étoile sur la destinée, on devra tenir compte de ses aspects avec les significateurs et les autres étoiles, de son pourcentage d'actualisation et des âges où elle exerce le maximum de son pouvoir sur la destinée du natif.

ÂGES DE RÉFÉRENCES:

ASPECTS:

POURCENTAGE/VALEUR:

NOM: LESATH.

SIGNIFICATION: Tempérament courageux. Ambivalence de caractère. Nature passionnée. Danger par les poisons. Tendance à l'immoralité. Risque d'accident par le feu. Caractère intrigant et fourbe. Tendance au désespoir. Risque de violence. Foi. Risque de mort prématurée. Le natif qui a cette étoile dans son zodiaque de naissance ne devra pas céder à la panique en voyant les événements qu'elle annonce. Bien au contraire, il devra se prendre en main et surmonter les épreuves s'il y a lieu. Afin de juger de l'importance de cette étoile sur la destinée du natif, on devra prendre en compte sa position dans le zodiaque, à savoir la Maison où elle réside, les aspects qu'elle a avec les significateurs et les autres étoiles fixes, les âges de références où elle exerce le maximum de son influence, le pourcentage d'actualisation et la valeur globale du zodiaque.

ÂGES DE RÉFÉRENCES:

ASPECTS:

POURCENTAGE/VALEUR:

NOM: LUSIS.

SIGNIFICATION: Promptitude. Perspicacité. Confiance. Prospérité par le commerce et les voyages. Déplacements fréquents. Inconstance. Arrogance. Risque de traîtrise. Risque d'empoisonnement et de maladie. Risque de problèmes aux yeux. Violence. Grand risque de mort prématurée. Le natif qui a cette étoile dans son zodiaque de naissance a vraisemblablement de très grandes possibilités d'obtenir une belle réussite, surtout quand l'étoile est positive dans une carte du ciel favorablement aspectée par les significateurs. Afin de pouvoir juger de l'impact de cette étoile sur la destinée du natif, on devra tenir compte de la Maison où elle réside, de ses aspects avec les autres étoiles fixes et les significateurs, des âges de références où elle exerce le maximum de son influence ainsi que du pourcentage d'actualisation des événements.

ÂGES DE RÉFÉRENCES:

ASPECTS:

POURCENTAGE/VALEUR:

NOM: MARKAB.

SIGNIFICATION: Sens du négoce. Accorde les honneurs et la richesse. Très bonne mémoire. Risque d'accident. Risque de mort prématurée par la violence ou la maladie. Vivacité d'esprit. Spontanéité. Le natif qui a cette étoile dans son zodiaque de naissance a de très grandes chances d'obtenir une très belle réussite sociale et d'avoir, de surcroît, les honneurs et la richesse qui s'y rattachent. Cela bien entendu, si le thème de naissance du natif reçoit des aspects favorables de Mars, de Mercure, de Jupiter, du Soleil, de la Lune et des Maisons I, IV, VII et X, le plus près possible du 0 degré d'orbe. En outre, il ne faut pas oublier que les aspects défavorables proches du 0 degré sont très néfastes. Toutefois, on devra tenir compte du fait qu'un écart de 0.45 degré d'orbe accorde 25 % de possibilité d'actualisation des événements.

ÂGES DE RÉFÉRENCES:

ASPECTS:

POURCENTAGE/VALEUR:

NOM: MARKEB.

SIGNIFICATION: Réussite par le mariage ou les associations. Recherche. Passions. Déplacements. Voyages. Joies. Prospérité. Piété. Mysticisme. Prééminence. Caractère autoritaire. Difficultés personnelles. Le natif qui a cette étoile dans son zodiaque de naissance devra très probablement aller dans le sens de l'étoile s'il désire obtenir une belle réussite sociale, mais il est fort possible que son centre d'intérêt soit tout autre. Même dans ce cas, l'étoile pourra lui être d'un grand secours et l'aider à se réaliser grâce à ses qualités. Afin de pouvoir juger de l'importance de cette étoile sur la destinée du natif, on devra tenir compte de la Maison où elle réside, des aspects qu'elle reçoit, des significateurs, des âges de références où elle exerce le maximum de son influence et du pourcentage d'actualisation des événements qu'elle annonce.

ÂGES DE RÉFÉRENCES:

ASPECTS:

POURCENTAGE/VALEUR:

NOM: MENKAB.

SIGNIFICATION: Risque de disgrâce et de perte du prestige. Risque d'accident et de chute. Risque de maladie. Bouleversement. Épreuves. Risque de mort prématurée. Grande force de caractère. Le natif qui a cette étoile dans son zodiaque de naissance sera vraisemblablement très influencé par le cortège d'épreuves qu'elle traîne dans son sillon. Il est évident que le fait d'avoir dans son thème de naissance une telle étoile ne laisse pas présager une vie de tout repos. Il ne faut pas pour autant céder à la panique car, avec des aspects positifs puissants, on peut quasiment éviter les effets néfastes, d'autant plus que le degré d'orbe est proche du 0. Par contre, avec des aspects maléfiques, surtout ceux qui impliquent Saturne, la Lune, le Soleil, Mars, Pluton, Uranus et les Maisons VIII, VI et XII, cela peut prendre des proportions catastrophiques.

ÂGES DE RÉFÉRENCES:

ASPECTS:

POURCENTAGE/VALEUR:

NOM: MENKALINAM.

SIGNIFICATION: Audacieux. Entreprenant. Caractère entier. Persévérance. Sens de la communauté. Nature orgueilleuse. Risque de ruine et de disgrâce. Mercantilisme. Difficultés. Violence. Risques de chutes au sens large du mot. Danger par les armes et le feu. Risque d'isolement. Risque de mort prématurée. Le natif qui a cette étoile dans son zodiaque de naissance sera tenté de croire que sa vie n'est pas un cadeau et que le destin ne l'a pas gâté en le faisant naître avec une telle étoile dans sa carte du ciel. Selon moi, il a tort de sauter trop vite aux conclusions, car une étoile seule ne fait pas la destinée. On se doit d'analyser attentivement l'ensemble du zodiaque, la Maison où elle est, ses aspects en général, les âges de références où elle est à son maximum et le pourcentage d'actualisation des événements que l'étoile annonce.

ÂGES DE RÉFÉRENCES:

ASPECTS:

POURCENTAGE/VALEUR:

NOM: MERAK.

SIGNIFICATION: Courage. Fougue. Fierté. Panache. Habileté à faire valoir ses idées. Nature prudente et soupçonneuse. Tendance à la patelinerie. Don-Quichottisme. Scepticisme. Rancune. Duplicité. Tendance à l'incrédulité. Méfiance. Tendance à des accès de colère spectaculaire. Le natif qui a cette étoile dans son zodiaque de naissance obtiendra vraisemblablement une très belle réussite grâce à ses qualités, mais il risque aussi de se faire des ennemis dans son entourage s'il use trop des défauts de cette étoile. Afin de pouvoir se faire une idée de l'impact de cette étoile sur la destinée du natif, on devra tenir compte de la Maison où elle réside, de ses aspects avec les autres étoiles et les significateurs, des âges de références où elle exerce le maximum de son influence ainsi que du pourcentage d'actualisation des événements.

ÂGES DE RÉFÉRENCES:

ASPECTS:

POURCENTAGE/VALEUR:

NOM: MINTAKA.

SIGNIFICATION: Chance au sens large du mot. Persévérance. Sens commercial. Amour des déplacements et des voyages. Sens du commandement. Belle réussite sociale. Courage. Confiance en soi. Caractère prompt. Risque de traîtrise. Tendance à la violence, à l'arrogance et à la dictature. Le natif qui a cette étoile dans son zodiaque de naissance ne sera probablement pas un dictateur, mais on peut dire sans trop se tromper qu'il aura des dispositions, et qu'il pourra être perçu comme tel par son entourage immédiat. Afin de pouvoir se faire une idée de l'impact de cette étoile sur la destinée du natif, on devra tenir compte de la Maison où elle réside, de ses aspects avec les autres étoiles fixes et les significateurs, des âges de références où elle exerce le maximum de son influence ainsi que du pourcentage d'actualisation des événements.

ÂGES DE RÉFÉRENCES:

ASPECTS:

POURCENTAGE/VALEUR:

NOM: MIRACH.

SIGNIFICATION: Réussite par mariage ou association. Esprit brillant. Altruisme. Chance. Don. Beauté. Foi. Magnétisme. Longanimité. Association réussie. Tendance au découragement. Craintes chimériques. Tendances à l'onirisme. Le natif qui a cette étoile dans son zodiaque de naissance a vraisemblablement une très grande possibilité d'obtenir une très belle réussite dans le domaine que le destin lui a fait choisir. Cette réussite sera d'autant plus importante que son zodiaque de naissance est favorablement aspecté. Afin de pouvoir porter un jugement équitable sur la valeur et l'importance de cette étoile dans la vie du natif, on devra tenir compte de la Maison où elle se trouve, de ses aspects avec les significateurs, des âges de références où elle exerce le maximum de son influence et du pourcentage d'actualisation des événements.

ÂGES DE RÉFÉRENCES:

ASPECTS:

POURCENTAGE/VALEUR:

NOM: MIZAR.

SIGNIFICATION: Éloquence. Intelligence. Bravoure. Courage. Habileté au sens large du mot. Besoins d'activité. Versatilité. Ambition exacerbe. Risque de violence et de blessure. Nature méfiante et soupçonneuse. Le natif qui a cette étoile dans son zodiaque de naissance a vraisemblablement la possibilité d'obtenir une belle réussite sociale s'il arrive à canaliser ses énergies et à tenir sa langue. Car, le moins qu'on puisse dire, c'est que le natif qui a cette étoile n'a pas la langue dans sa poche. Afin de pouvoir porter un jugement sur l'influence de cette étoile dans la destinée du natif, on devra tenir compte de la Maison où elle réside, des aspects avec les significateurs et les autres étoiles, des âges de références où elle exerce le maximum de son influence et du pourcentage d'actualisation des événements.

ÂGES DE RÉFÉRENCES:

ASPECTS:

POURCENTAGE/VALEUR:

NOM: MUNUBRIUM.

SIGNIFICATION: Tendance à l'héroïsme. Désir de gloire. Belle réussite. Amour des défis. Nature courageuse. Tempérament autoritaire et batailleur. Danger par le feu. Risque de maladie cardiaque. Grand risque de disgrâce. Nostalgie. Regrets. Le natif qui a cette étoile dans son zodiaque de naissance a certainement la possibilité d'obtenir une très belle réussite, mais il devra se prendre en main et aller dans le sens de l'étoile, c'est-à-dire qu'il aura à relever un ou des défis importants pour réaliser sa réussite. Il devra cependant être prudent car cette étoile indique un risque de surmenage. Afin de pouvoir juger de l'importance de cette étoile sur la destinée du natif, on devra tenir compte de la Maison où elle est, des aspects, des âges de références où elle est à son maximum et de son pourcentage d'actualisation.

ÂGES DE RÉFÉRENCES:

ASPECTS:

POURCENTAGE/VALEUR:

NOM: NASHIRA.

SIGNIFICATION: Réussite sociale. Force de caractère. Succès grâce à la ténacité. Intelligence. Risque d'agression. Risque de mort violente et prématurée. Voyages. Le natif qui a cette étoile dans son zodiaque de naissance a de très bonnes chances d'obtenir une belle réussite sociale grâce à ses qualités et à sa ténacité. Mais il devra se tenir sur ses gardes, car il y a un risque d'agression très puissant. Cela est d'autant plus fort que les aspects négatifs qui affectent Saturne, Jupiter, le Soleil, la Lune, Mars et les Maisons I, VI, VIII et X sont puissants et proches du 0 degré d'orbe. Toutefois, le natif devra se rappeler qu'un écart de 0.30 degré d'orbe donne une probabilité d'actualisation de 50 % pour qu'un événement indiqué dans le thème de naissance puisse se produire.

ÂGES DE RÉFÉRENCES:

ASPECTS:

POURCENTAGE/VALEUR:

NOM: NUSHABA.

SIGNIFICATION: Vivacité d'esprit. Ambivalence. Ascendance. Vigueur. Fougue. Goût pour les arts en général. Intelligence. Tendance à la hargne et à la rancune. Risques de problèmes psychologiques. Anicroches. Fluctuation du destin avec une forte tendance à la révolte. Le natif qui a cette étoile dans son zodiaque de naissance pourra vraisemblablement obtenir une belle réussite et du succès s'il arrive à canaliser ses énergies sur le côté positif de son étoile. La réussite sera d'autant plus importante que cette étoile est positive dans la carte du ciel du natif. Afin de pouvoir juger de l'impact de cette étoile sur la destinée, on devra tenir compte de ses aspects avec les autres étoiles et les significateurs, des âges de références où elle exerce le maximum de son influence ainsi que de son pourcentage d'actualisation des événements.

ÂGES DE RÉFÉRENCES:

ASPECTS:

POURCENTAGE/VALEUR:

NOM: OCULUS.

SIGNIFICATION: Goût pour les arts en général. Finesse d'esprit. Constance dans l'action. Occultisme. Goût pour la recherche. Passions. Tendance mystique. Amour pour le faste et les grands déploiements. Militarisme. Mercantilisme. Risque d'isolement et de maladie chronique. Le natif qui a cette étoile dans son zodiaque de naissance aura très certainement un goût évident pour les arts. Mais il n'est pas évident qu'avec cette étoile il devienne un artiste, à moins que sa carte du ciel comporte d'autres étoiles qui indiquent une telle possibilité. Afin de pouvoir juger de l'impact de cette étoile sur la destinée, on devra tenir compte de la Maison où elle réside, de ses aspects avec les autres étoiles et les significateurs, des âges de références où elle exerce le maximum d'influence ainsi que du pourcentage d'actualisation.

ÂGES DE RÉFÉRENCES:

ASPECTS:

POURCENTAGE/VALEUR:

NOM: PELAGUS.

SIGNIFICATION: Franchise. Honnêteté. Sens des affaires. Belle réussite sociale. Mysticisme. Esprit positif. Renommée. Sincérité et optimisme. Tendance à avoir un raisonnement borné. Désir de gloire. Tendance à être enjôleur. Le natif qui a cette étoile dans son zodiaque de naissance obtiendra très probablement ce qu'il désire s'il réussit à faire jouer le côté positif de l'étoile. Mais attention au retour de manivelle qui peut être la source de problèmes plus ou moins sérieux en fonction de la qualité dans son ensemble de la carte du ciel. Afin de pouvoir juger de l'impact de cette étoile sur la destinée, on devra tenir compte de la Maison où elle réside, des aspects avec les autres étoiles et les significateurs, des âges de références où elle est à son maximum d'influence ainsi que de son pourcentage d'actualisation.

ÂGES DE RÉFÉRENCES:

ASPECTS:

POURCENTAGE/VALEUR:

NOM: PHACT.

SIGNIFICATION: Chance pure. Espérance. Serviable. Généreux. Imaginatif. Succès et adaptabilité. Rapidité. Bonne fortune au sens large du mot. Voyages. Tendance à la révolte. Dualité dans l'action. Goût pour l'évasion en général. Le natif qui a cette étoile dans son zodiaque de naissance a de très grandes possibilités d'obtenir une belle réussite dans ses entreprises en général, surtout quand cette étoile est positive et que la carte du ciel est favorable dans son ensemble. Afin de pouvoir juger de l'impact de cette étoile sur la destinée du natif, on devra tenir compte de la Maison où elle réside, de ses aspects avec les autres étoiles fixes et les significateurs, de ses âges de références où elle est à son maximum d'influence ainsi que de son pourcentage d'actualisation des événements qu'elle favorise.

ÂGES DE RÉFÉRENCES:

ASPECTS:

POURCENTAGE/VALEUR:

NOM: POLIS.

SIGNIFICATION: Tendance à l'héroïsme. Grande ambition. Combativité. Prééminence. Leadership. Réussite sociale. Succès. Sens de la justice. Voyages. Forte tendance mystique. Sens politique. Tempérament autoritaire et bagarreur. Désir de gloire. Le natif qui a cette étoile dans son zodiaque de naissance éprouvera très probablement un besoin impérieux d'aller dans le sens de l'étoile afin de pouvoir se réaliser. Cela est d'autant plus évident quand l'ensemble de la carte du ciel va dans ce sens, c'est-à-dire que le natif a d'autres étoiles avec des indications similaires. Afin de juger de son impact sur la destinée du natif, on devra tenir compte de la Maison où elle réside, de ses aspects avec les étoiles et les significateurs, des âges de références où elle est à son maximum d'influence et de son pourcentage d'actualisation.

ÂGES DE RÉFÉRENCES:

ASPECTS:

POURCENTAGE/VALEUR:

NOM: POLLUX.

SIGNIFICATION: Grande audace. Ténacité. Combativité. Amour des défis. Réussite sociale. Honneurs. Imprudence. Nature astucieuse. Tendance à la cruauté mentale. Subtilité d'esprit. Risque de mort violente et prématurée. Le natif qui a cette étoile dans son zodiaque de naissance sera porté à prendre des risques sans considérer les dangers que cela représente, souvent aux dépens de son entourage. En outre, il aura tendance à user de violence et parfois de cruauté pour obtenir ce qu'il désire. Cette étoile donne des retours de manivelle et risque de faire subir au natif la même médecine que celle qu'il réservait aux autres. Toutefois, afin de pouvoir juger de l'importance de la réussite ou des épreuves, on devra tenir compte des aspects bénéfiques ou maléfiques de Mars, des luminaires et des planètes.

ÂGES DE RÉFÉRENCES:

ASPECTS:

POURCENTAGE/VALEUR:

NOM: PRINCEPS.

SIGNIFICATION: Aptitude à la recherche. Intelligence. Nature timide. Discrétion. Nature patiente et persévérante. Amour de la nature et des animaux. Grande puissance de travail. Tendances aux excès en général. Le natif qui a cette étoile dans son zodiaque de naissance obtiendra vraisemblablement une très belle réussite sociale. Par le biais de cette étoile, le destin permet au natif de se mettre en valeur s'il a la sagesse d'utiliser les qualités de son étoile aux âges les plus propices à l'obtention de la réussite. Ces âges correspondent aux périodes où les effets exercent le maximum de leurs qualités, à savoir quand l'étoile reçoit des aspects bénéfiques puissants de ses significateurs, qui sont Mercure et Saturne le plus près du 0 degré d'orbe, et aussi les planètes, les luminaires, les Maisons, les Nœuds et les astéroïdes.

ÂGES DE RÉFÉRENCES:

ASPECTS:

POURCENTAGE/VALEUR:

NOM: PROCYON.

SIGNIFICATION: Forte activité. Risque de violence et d'agressivité. Tendance au mercantilisme. Nature malicieuse.

175

Tempérament angoissé. Fidélité aux amis. Très grand risque de chute et de perte de prestige. Esprit vif. Curiosité. Sens de la diplomatie dictatoriale. Le natif qui a cette étoile dans son zodiaque de naissance sera vraisemblablement très étonné de constater la véracité des indications dans la mesure où le pourcentage d'actualisation est très fort. Afin de juger de l'importance de cette étoile sur la destinée du natif, on devra tenir compte des aspects qu'elle a avec les significateurs et les autres étoiles du zodiaque de naissance. On devra aussi considérer le zodiaque dans son ensemble, le pourcentage d'actualisation et les âges de références qui indiquent que l'étoile est à son maximum en fonction du pourcentage.

ÂGES DE RÉFÉRENCES:

ASPECTS:

POURCENTAGE/VALEUR:

NOM: PROESOEPE.

SIGNIFICATION: Belle réussite sociale avec la fortune et les honneurs. Charme. Risque d'infortune et de fluctuation du destin. Risque de blessure à la tête. Risque de problème psychologique. Risque de mort prématurée. Bouleversements. Le natif qui a cette étoile dans son zodiaque de naissance ne devra pas se morfondre et se décourager en ne voyant que le côté négatif. Ce serait une grosse erreur car le côté positif est quand même assez important pour être considéré, surtout quand l'étoile reçoit des aspects positifs de plusieurs significateurs, des autres étoiles fixes et qu'elle a, de surcroît, un fort pourcentage d'actualisation. Il est évident que ce n'est pas réjouissant d'avoir une telle étoile dans son thème de naissance, mais ce n'est pas la fin du monde! Il faut faire confiance au destin.

ÂGES DE RÉFÉRENCES:

ASPECTS:

POURCENTAGE/VALEUR:

NOM: PROPUS.

SIGNIFICATION: Puissance. Persévérance. Réussite. Élévation. Goût du risque. Amour des réceptions en général. Succès. Goût pour la recherche. Amour pour les jeux de hasard. Hablerie. Mensonge. Difficultés. Épreuves. Risque de maladie chronique. Le natif qui a cette étoile dans son zodiaque de naissance sera probablement gratifié d'une belle réussite et pourra aimsi s'adonner à ses goûts. Il devra toutefois user de prudence et ne pas prendre de risques inutiles qui peuvent lui valoir des difficultés. Afin de pouvoir juger de l'impact de cette étoile sur la destinée du natif, on devra tenir compte de la Maison où elle réside, de ses aspects avec les autres étoiles et les significateurs, des âges de références où elle exerce le maximum de son influence ainsi que de son pourcentage d'actualisation.

ÂGES DE RÉFÉRENCES:

ASPECTS:

POURCENTAGE/VALEUR:

NOM: RASALGETHI.

SIGNIFICATION: Audace. Grande ténacité. Passions. Puissance. Caractère énergique. Belle réussite sociale. Risque de violence. Risque de mort prématurée. Épreuves. Le natif qui a cette étoile dans son zodiaque de naissance devra aller dans le sens de l'étoile pour réaliser ses aspirations. Il devra toutefois user de prudence car les risques que cette étoile donne sont très puissants. Cela est d'autant plus évident quand les aspects que l'étoile reçoit de ses significateurs sont négatifs. On peut dire sans trop se tromper que, de par sa nature, le natif fera fi des conseils de prudence de son entourage. Afin de pouvoir se faire une idée plus précise de l'emprise de cette étoile sur la destinée du natif, on devra tenir compte de sa Maison, des âges où elle exerce son influence au maximum et du pourcentage d'actualisation.

ÂGES DE RÉFÉRENCES:

ASPECTS:

POURCENTAGE/VALEUR:

NOM: RASALHAGUE.

SIGNIFICATION: Autorité. Don. Charme. Magnétisme. Passions. Gains par le travail. Ambivalence de caractère. Goût pour la médecine. Perversion. Dépravation morale. Difficultés. Risque d'intoxication. Bouleversements. Épreuves. Le moins que l'on puisse dire, c'est que le natif qui a cette étoile dans son zodiaque de naissance n'est pas particulièrement choyé par le destin. Il peut quand même obtenir une belle réussite par le biais de ses qualités, surtout quand la carte du ciel est positive dans son ensemble. Pour pouvoir se faire une idée de l'impact de cette étoile sur la destinée du natif, on devra tenir compte de la Maison où elle réside, des aspects avec les autres étoiles et les significateurs, des âges de références où elle est au maximum de son influence ainsi que de son pourcentage d'actualisation des événements.

ÂGES DE RÉFÉRENCES:

ASPECTS:

POURCENTAGE/VALEUR:

NOM: RASTABAN.

SIGNIFICATION: Esprit analytique. Charme. Amour du changement et des voyages. Déplacements obligatoires. Danger par les armes et le feu. Risques d'accidents et de mort prématurée. Risque d'intoxication au sens large du mot. Risque de ruine et de déchéance. Bouleversements importants. Le natif qui a cette étoile dans son zodiaque de naissance ne sautera vraisemblablement pas de joie en constatant qu'il en est le détenteur. Mais il devra se dire qu'il est probable qu'il n'ait pas à subir toutes les épreuves que cette étoile annonce, surtout quand elle a des aspects positifs et que l'ensemble du zodiaque est positif. Afin de juger de l'importance de cette étoile sur la destinée du natif, on tiendra compte de la Maison où elle réside, des aspects, des âges où elle est à son maximum et du pourcentage d'actualisation.

ÂGES DE RÉFÉRENCES:

ASPECTS:

POURCENTAGE/VALEUR:

NOM: REGULUS.

SIGNIFICATION: Honneurs. Gloire. Chance. Réussite sociale. Générosité et grandeur d'âme. Épreuves difficiles. Amour du pouvoir. Indépendance du caractère. Grande ambition. Sens de la justice. Leadership. Le natif qui a cette étoile dans son zodiaque de naissance aura probablement la possibilité d'obtenir une très belle réussite sociale, d'autant plus qu'il utilisera, par son ambition, les qualités inhérentes de cette étoile que le destin a mis sur son chemin. Pour mesurer l'ampleur de la réussite, on devra tenir compte des aspects que cette étoile reçoit dans son thème de naissance. En outre, il faut considérer qu'une étoile ne fait pas le destin. Pour porter un jugement acceptable, il faut donc considérer l'ensemble des étoiles et de leurs significateurs qui sont le plus près du 0 degré d'orbe.

ÂGES DE RÉFÉRENCES:

ASPECTS:

POURCENTAGE/VALEUR:

NOM: RIGEL.

SIGNIFICATION: Grande réussite sociale. Recherche et inventions. Ambition. Gloire. Richesse. Honneurs publics. Embûches dans la vie personnelle et intime. Sens de la justice. Empêchements et obstacles mystérieux et inexplicables. Amour des déplacements et des voyages. Le natif qui a cette étoile dans son zodiaque de naissance aura vraisemblablement quelques obstacles à connotation mystérieuse dans sa vie personnelle et intime. Mais cela ne devrait pas trop l'affecter, surtout quand l'ensemble du zodiaque de naissance est positif et que l'étoile reçoit des aspects favorables des significateurs. Afin de juger de son importance sur la destinée, on devra tenir compte de la Maison où elle réside, de ses aspects, des âges de références où elle exerce le maximum de son influence et du pourcentage d'actualisation des événements.

ÂGES DE RÉFÉRENCES:

ASPECTS:

POURCENTAGE/VALEUR:

NOM: SADALMELIK.

SIGNIFICATION: Succès. Prestige. Hautes aspirations. Risque d'accident. Risque de chute et de perte du prestige. Épreuves difficiles. Déception. Isolement et bouleversement. Le natif qui a cette étoile dans son zodiaque de naissance a vraisemblablement des grandes chances d'obtenir une belle réussite sociale. Toutefois, il est fort possible que, pour l'obtention d'une telle réussite, il faille surmonter des épreuves difficiles. Afin de pouvoir juger de l'ampleur de la réussite et des épreuves, on devra tenir compte de la valeur des aspects du thème de naissance du natif, à savoir les trigones et les conjonctions pour le côté positif, les carrés et les oppositions pour le côté négatif. Pour évaluer les chances d'actualisation des événements, on devra tenir compte plus particulièrement des aspects de Saturne et de Mercure.

ÂGES DE RÉFÉRENCES:

ASPECTS:

POURCENTAGE/VALEUR:

NOM: SADALSUND.

SIGNIFICATION: Réussite sociale. Ambivalence du caractère. Sens du commerce et des relations en général. Tendance à la critique en général. Prédispose à une fin de vie difficile. Risque de chute. Difficultés. Risque de mort prématurée. Épreuves. Risque d'empoisonnement au sens large du mot. Le natif qui a cette étoile dans son zodiaque de naissance a vraisemblablement la possibilité d'obtenir une très belle réussite, malgré les difficultés que cette étoile indique. Afin de pouvoir porter un jugement valable sur la destinée du natif, on devra tenir compte des aspects avec les autres étoiles et les significateurs, des âges de références où elle exerce le maximum de son influence ainsi que du pourcentage d'actualisation des événements que cette étoile aura tendance à favoriser.

ÂGES DE RÉFÉRENCES:

ASPECTS:

POURCENTAGE/VALEUR:

NOM: SCHEAT.

SIGNIFICATION: Exaltation. Rêves. Romantisme. Charme. Curiosité intellectuelle. Frivolité. Amour des plaisirs en général. Caprice. Pertes aux sens large du mot. Danger par les liquides. Grand risque de mort prématurée. Tendances dépressives. Le natif qui a cette étoile dans son zodiaque de naissance sera fortement tenté de croire que le destin veut lui jouer un mauvais tour par le biais de cette étoile. Mais il n'en est rien, car elle est beaucoup plus positive qu'elle ne le paraît de prime abord, surtout quand elle est favorablement aspectée par les significateurs de l'horoscope du natif et que l'ensemble du zodiaque est favorable. Afin de déterminer son importance, on devra analyser le sens de la Maison où elle réside, les aspects qu'elle reçoit, les âges où son influence est au maximum ainsi que le pourcentage d'actualisation.

ÂGES DE RÉFÉRENCES:

ASPECTS:

POURCENTAGE/VALEUR:

NOM: SEGINUS.

SIGNIFICATION: Discrétion. Prospérité. Désirs puissants. Réussite par le travail et le mérite personnel. Tendance aux excès. Épreuves difficiles à vivre. Risque de perte par les amis. Sens des relations en général. Activités commerciales. Le natif qui a cette étoile dans son zodiaque de naissance a de très bonnes possibilités d'obtenir une belle réussite par son travail et sa persévérance. Il devra cependant être prudent et ne pas outrepasser ses forces. On peut dire sans trop se tromper que l'activité du natif sera plutôt exercée dans le commerce ou les domaines connexes. Afin de juger de l'importance de cette étoile dans la vie du natif, on devra tenir compte de ses aspects avec les autres significateurs et de l'ensemble du zodiaque de naissance. On devra aussi considérer les âges de références et le pourcentage d'actualisation.

ÂGES DE RÉFÉRENCES:

ASPECTS:

POURCENTAGE/VALEUR:

NOM: SHERATAN.

SIGNIFICATION: Grande possibilité d'accident. Danger par le feu. Bouleversement. Épreuves difficiles. Grand risque de violence. Grand risque de mort prématurée. Inspiration. Bonne réussite sociale possible. Le natif qui a cette étoile dans son zodiaque de naissance ne devra pas l'ignorer. Au contraire, il est de son intérêt de tenir compte des événements qu'elle annonce, surtout aux âges les plus critiques de sa vie, c'est-à-dire les âges où cette étoile peut exercer son effet au maximum. Il est évident que l'ampleur des effets sera plus ou moins important selon les aspects qu'elle reçoit des planètes, des luminaires, des Maisons, des Nœuds, des astéroïdes, et plus particulièrement de Saturne et de Mars. Les aspects positifs atténuent grandement les risques. Par contre, les aspects négatifs actualisent les risques, surtout près du 0 degré d'orbe.

ÂGES DE RÉFÉRENCES:

ASPECTS:

POURCENTAGE/VALEUR:

NOM: SINISTRA.

SIGNIFICATION: Idéalisme. Romantisme. Spontanéité. Magnétisme. Fortes activités. Gains par l'effort et le travail. Nature passionnée. Difficulté. Dépravation et inconvenance. Ennemis cachés. Risque de veuvage et de mort prématurée. Pertes au sens large du mot. Risque d'emprisonnement. Le natif qui a cette étoile dans son zodiaque de naissance va très probablement penser que la chance est vraiment aveugle car elle n'est pas de son côté, et que le destin n'est pas juste. Il a tort. Car cette étoile permet quand même d'avoir une belle vie en général, surtout quand elle se trouve dans un thème positif. Afin de pouvoir se faire une idée de l'importance de cette étoile sur la destinée du natif, on devra tenir compte de la Maison où elle réside, des aspects, des âges où elle exerce la maximum d'influence et de son pourcentage d'actualisation.

ÂGES DE RÉFÉRENCES:

ASPECTS:

POURCENTAGE/VALEUR:

NOM: SIRIUS.

SIGNIFICATION: Réussite sociale. Succès dans les affaires en général. Richesse. Honneurs. Renommée. Passion. Favorise les déplacements et les voyages. Chance. Magnanimité. Caractère impétueux et orgueilleux. Tendances à l'imprudence avec un risque de mort prématurée. Le natif qui a cette étoile dans son zodiaque de naissance aura vraisemblablement la possibilité d'obtenir une très grande réussite à un moment quelconque de sa vie. Cela aura encore plus de chance de reproduire quand la carte du ciel est positive dans son ensemble. Afin de pouvoir juger de l'impact de cette étoile sur la destinée du natif, on devra tenir compte de la Maison où elle réside, de ses aspects avec les étoiles et les significateurs, des âges de références où elle exerce le maximum de son influence ainsi que du pourcentage d'actualisation des événements.

ÂGES DE RÉFÉRENCES:

ASPECTS:

POURCENTAGE/VALEUR:

NOM: SKAT.

SIGNIFICATION: Chance. Honneurs. Belle réussite sociale. Renommée. Gloire. Hautes aspirations. Sens des relations. Passion. Magnétisme. Bonne fortune en général qui n'annihile en aucun temps les événements néfastes des autres étoiles. Le natif qui a cette étoile dans son zodiaque de naissance a probablement de très grandes chances d'obtenir une très belle réussite sociale, d'autant plus importante quand les autres étoiles sont favorables et que l'ensemble du zodiaque est positif. Toutefois, si celui-ci est négatif, cette étoile aidera le natif à supporter les difficultés, voire à en amoindrir la portée. Afin de pouvoir juger de l'impact de l'étoile sur la destinée du natif, on devra tenir compte de la Maison où elle réside, des aspects, des âges de références où elle exerce le maximum de son influence et du pourcentage d'actualisation.

ÂGES DE RÉFÉRENCES:

ASPECTS:

POURCENTAGE/VALEUR:

NOM: SPICULUM.

SIGNIFICATION: Grande vivacité et agilité au sens large du mot. Désir de gloire. Nature combative, persévérante et vigoureuse. Grands risques de problèmes aux yeux qui peuvent entraîner la cécité. Passions exacerbées. Prédispose le natif à avoir des problèmes psychologiques. Le natif qui a cette étoile dans son zodiaque de naissance pourra obtenir très probablement une réussite sociale intéressante, surtout s'il a une carte du ciel positive et qu'il va dans le sens favorable de l'étoile. Afin de pouvoir juger de l'impact de cette étoile sur la destinée du natif, on devra tenir compte de la Maison où elle réside, de ses aspects avec les autres étoiles fixes et les significateurs, des âges de références où elle est à son maximum d'influence ainsi que du pourcentage d'actualisation des événements qu'elle favorise.

ÂGES DE RÉFÉRENCES:

ASPECTS:

POURCENTAGE/VALEUR:

NOM: SUALOCIN.

SIGNIFICATION: Difficultés. Risques d'accidents. Dualité intérieure. Prédispose à avoir des ennemis. Épreuves qui s'actualisent en pleine réussite et peuvent perturber la vie. Risque de mort prématurée. Le natif qui a cette étoile dans son zodiaque de naissance risque d'être très fortement influencé par elle, surtout quand la majorité des aspects que cette étoile reçoit sont négatifs. Pour juger de l'ampleur des épreuves, on doit tenir compte de la qualité des aspects, à savoir ceux qui influencent défavorablement cette étoile dans le thème de naissance du natif le plus près possible du 0 degré d'orbe. En outre, on doit tenir compte aussi des aspects favorables qui peuvent amoindrir et supprimer les épreuves. Pour pouvoir juger de la qualité des aspects, on devra considérer les planètes, les luminaires, les Maisons, les astéroïdes et les Nœuds.

ÂGES DE RÉFÉRENCES:

ASPECTS:

POURCENTAGE/VALEUR:

NOM: TEJAT.

SIGNIFICATION: Grande possibilité de réussite. Fierté de caractère. Tempérament volubile. Magnétisme. Charme. Sens des relations. Tendance à être orgueilleux, vaniteux, arrogant et cynique. Manœuvres. Violence et risque de mort prématurée. Le natif qui a cette étoile dans son zodiaque de naissance a probablement de très grandes chances d'obtenir du succès et une très belle réussite dans son travail ou dans son activité principale. Le succès pourra être très important dans la mesure où la carte du ciel est positive. Afin de pouvoir juger de l'impact de cette étoile sur la destinée, on devra tenir compte de la Maison où elle réside, de ses aspects avec les autres étoiles et les significateurs, des âges de références où elle exerce le maximum de son influence ainsi que du pourcentage d'actualisation des événements.

ÂGES DE RÉFÉRENCES:

ASPECTS:

POURCENTAGE/VALEUR:

NOM: TEREBELLUM.

SIGNIFICATION: Belle réussite avec un grand risque de chute. Esprit créatif. Mercantilisme. Nature malicieuse. Magnétisme. Risque de problèmes psychologiques. Vivacité d'esprit. Risque de mort prématurée. Le natif qui a cette étoile dans son zodiaque de naissance sera probablement doté par le destin d'une grande vivacité d'esprit. On peut dire aussi que le natif ne sera pas le genre de personne à se laisser marcher sur les pieds. Quoi qu'il en soit, le natif a de grandes chances d'obtenir une belle réussite sociale et peut-être la gloire. Toutefois, pour pouvoir juger de l'ampleur de la réussite ou de l'échec, on devra tenir compte des aspects bénéfiques et maléfiques du thème de naissance, particulièrement ceux qui impliquent Vénus et Uranus, le plus près possible du 0 degré d'orbe.

ÂGES DE RÉFÉRENCES:

ASPECTS:

POURCENTAGE/VALEUR:

NOM: TRIANGLE.

SIGNIFICATION: Sociabilité. Fidélité. Intelligence. Savoir-faire. Sensibilité. Tendance à la fourberie. Ruse. Vivacité d'esprit. Magnétisme. Nature passionnée. Le natif qui a cette étoile dans son zodiaque de naissance a de très grandes chances de voir s'actualiser les effets que cette étoile indique. Cela est d'autant plus important que les planètes, le Soleil, la Lune et particulièrement les planètes maîtresses de l'étoile, c'est-à-dire Vénus et Mars qui ont des aspects près du 0 degré d'orbe. On doit prendre en considération que le trigone et le sextile actualisent les qualités positives de l'étoile et que les carrés et les oppositions actualiseront plutôt le côté négatif de cette étoile. On peut dire enfin que le natif qui a cette étoile dans son thème de naissance risque d'être son propre ennemi.

ÂGES DE RÉFÉRENCES:

ASPECTS:

POURCENTAGE/VALEUR:

NOM: UNUKALHAI.

SIGNIFICATION: Force de caractère. Autorité. Sagesse. Prééminence. Bouleversement. Tendance à la jalousie et à l'immoralité. Risque d'accident et de maladies. Risque d'empoisonnement. Grand risque de mort prématurée. Épreuves difficiles. Le natif qui a cette étoile dans son zodiaque de naissance aura l'impression que le destin n'est pas de son côté. Selon moi, il aurait tort d'avoir une telle réaction, car une étoile seule ne fait pas la destinée. Elle peut cependant aider le natif à se réaliser par le biais de ses épreuves. Afin de pouvoir se faire une idée de l'importance de cette étoile sur la destinée du natif, on devra tenir compte de la Maison où elle réside, des aspects avec les autres étoiles fixes et les significateurs, des âges de références où elle exerce le maximum de son influence et du pourcentage d'actualisation des événements.

ÂGES DE RÉFÉRENCES:

ASPECTS:

POURCENTAGE/VALEUR:

NOM: VEGA.

SIGNIFICATION: Réputation. Richesse. Chance. Gains par les jeux ou la loterie. Réussite sociale. Renommée. Goût pour les arts. Sens artistique. Raffinement. Magnétisme. Amour pour les jeux en général. Tendance à la lascivité. Dualité et ambivalence du caractère. Le natif qui a cette étoile dans son zodiaque de naissance a vraisemblablement de grandes chances d'obtenir une très grande réussite sociale et probablement de faire des gains importants aux jeux de hasard quand cette étoile est très fortement aspectée par des significateurs puissants. Afin de pouvoir juger de l'importance de cette étoile dans la vie du natif, on devra tenir compte de sa position dans le zodiaque de naissance, de ses aspects avec les significateurs et les autres étoiles fixes, des âges de références où l'étoile est à son maximum et du pourcentage d'actualisation.

ÂGES DE RÉFÉRENCES:

ASPECTS:

POURCENTAGE/VALEUR:

NOM: VERTEX.

SIGNIFICATION: Risque de maladie. Problèmes visuels. Risque de mort subite et prématurée. Nature tourmentée. Tendance mystique. Craintes. Phobies. Difficultés. Le natif qui a cette étoile dans son zodiaque de naissance ne doit pas se tourmenter et céder à la panique. Il est évident qu'une telle étoile dans son ciel ne prédispose pas à danser de joie, car il a plutôt l'impression que le destin ne lui sourit pas. Quoi qu'il en soit, on devra tenir compte de la qualité de l'ensemble du thème de naissance de façon à pouvoir trouver les aspects bénéfiques que cette étoile peut avoir avec les planètes, le Soleil et plus particulièrement la Lune et Mars. En outre, il faudra considérer les aspects négatifs afin de pouvoir juger de l'impact des problèmes. Il ne faut pas perdre de vue qu'il y a plusieurs étoiles dans votre thème.

ÂGES DE RÉFÉRENCES:

ASPECTS:

POURCENTAGE/VALEUR:

NOM: VINDEMATRIX.

SIGNIFICATION: Magnétisme. Don spécial. Nature persévérante. Sens des relations avec l'entourage. Tendance à la spéculation. Épreuves difficiles. Difficultés dans les relations amicales. Risque de veuvage. Tendance à l'immoralité. Revers. Ennuis avec la justice. Risque de maladie et de problèmes psychologiques. Le natif qui a cette étoile dans son zodiaque de naissance a de très grandes chances de voir s'actualiser le sens cosmique de cette étoile en fonction de la qualité de sa carte du ciel. Ce qui veut dire que, quand l'étoile reçoit des mauvais aspects, c'est son côté négatif qui s'actualise. Afin de pouvoir juger de son impact sur la destinée du natif, on devra tenir compte de la Maison où elle est, des aspects avec les étoiles et les significateurs, des âges où elle est à son maximum ainsi que du pourcentage d'actualisation.

ÂGES DE RÉFÉRENCES:

ASPECTS:

POURCENTAGE/VALEUR:

NOM: WASAT.

SIGNIFICATION: Force de caractère. Autorité. Prééminence. Nature primesautière. Fluctuation du destin. Danger par les liquides, les armes et le feu. Risque de mort prématurée. Bouleversements. Épreuves difficiles. Risque d'empoisonnement. Le natif qui a cette étoile dans son zodiaque de naissance éprouvera très probablement un besoin impérieux de faire valoir une certaine autorité vis-à-vis de son entourage immédiat. Toutefois, cela ne sera probablement pas un obstacle à la réussite, surtout quand la carte du ciel est positive. Afin de pouvoir juger de l'impact de cette étoile sur la destinée du natif, on devra tenir compte de la Maison où elle réside, de ses aspects avec les étoiles et les significateurs, des âges de références où elle exerce le maximum de son influence ainsi que du pourcentage d'actualisation des événements.

ÂGES DE RÉFÉRENCES:

ASPECTS:

POURCENTAGE/VALEUR:

NOM: WESEN.

SIGNIFICATION: Dualité dans l'action. Affabilité. Charme. Risque d'intoxication. Tendances à l'onirisme. Instabilité des sentiments. Phobies. Grand risque de passion violente et dangereuse. Le natif qui a cette étoile dans son zodiaque de naissance sera probablement très fortement influencé par elle, d'autant plus que les aspects que forment les planètes, le Soleil, les Maisons I, IV, VII et X et plus particulièrement Vénus et la Lune, sont proches du 0 degré d'orbe. En outre, pour juger de la qualité des aspects de cette étoile, il ne faut pas oublier que les sextiles et les trigones sont positifs, et que les carrés et les oppositions actualiseront plutôt le côté négatif de cette étoile. En conclusion, on peut dire que la réussite est possible si le natif réussit à ne pas se perdre dans des rêves impossibles.

ÂGES DE RÉFÉRENCES:

ASPECTS:

POURCENTAGE/VALEUR:

NOM: YED-PRIOR.

SIGNIFICATION: Réussite et richesse par le travail et le mérite personnel. Foi. Nature passionnée. Tendance à la révolte. Tendance à l'immoralité. Lasciveté. Risque par les ennemis cachés. Tendance à la sournoiserie. Magnétisme. Le natif qui a cette étoile dans son zodiaque de naissance a de très grandes chances de voir les deux côtés de la médaille. Cela veut dire que, bien souvent, il part du bas de l'échelle, gravit un à un les échelons et arrive en haut de l'échelle à la force du poignet. Il va de soi que pour cela, il doit tout mettre en œuvre pour y parvenir et s'il le faut, faire fi du qu'en dira-t-on. Afin de juger de la qualité de cette étoile, on doit prendre en considération les aspects qu'elle reçoit de ses significateurs, les âges où elle est à son maximum ainsi que le pourcentage d'actualisation.

ÂGES DE RÉFÉRENCES:

ASPECTS:

POURCENTAGE/VALEUR:

NOM: ZANIAH.

SIGNIFICATION: Diplomatie. Amabilité. Éloquence. Serviabilité. Sens des relations et de l'entregent. Habileté. Modestie. Bonne possibilité d'obtenir la réussite sociale. Risque d'accident. Le natif qui a cette étoile dans son zodiaque de naissance sera très probablement influencé tout au long de sa vie par les effets bénéfiques que le destin lui envoie, d'autant plus que, dans son thème de naissance, les aspects que forment Mercure, Vénus, le Soleil, la Lune et les Maisons angulaires sont positifs. Toutefois, on devra prendre en compte que le risque d'accident est présent en tout temps, surtout quand il y a une prédominance de quadrature qui affecte Uranus, Saturne, Neptune, Pluton, Mars, le Soleil, la Lune et les pointes des Maisons. En conclusion, on peut dire que cette étoile accorde une bonne possibilité de réussite sociale.

ÂGES DE RÉFÉRENCES:
ASPECTS:
POURCENTAGE/VALEUR:

NOM: ZAVIJAVA.
SIGNIFICATION: Grande force de caractère. Ténacité. Combativité. Adaptabilité. Foi. Magnétisme. Éloquence. Ingéniosité. Modestie. Puissance de la personnalité. Sens du détail. Épreuves difficiles. Risque de perte du prestige. Bouleversements. Le natif qui a cette étoile dans son zodiaque de naissance a probablement un goût impérieux d'aller au-devant des événements de façon à mettre en œuvre les qualités de l'étoile. Car, grâce à son éloquence, il aura très probablement la possibilité d'obtenir des concessions qui faciliteront l'obtention de ses désirs. Cela est d'autant plus vrai quand la carte du ciel du natif est positive. Afin de pouvoir juger de son impact sur la destinée, on devra tenir compte de la Maison où elle est, de ses aspects avec les significateurs, des âges où elle est à son maximum ainsi que de son pourcentage d'actualisation.

ÂGES DE RÉFÉRENCES:
ASPECTS:
POURCENTAGE/VALEUR:

NOM: ZOSMA.
SIGNIFICATION: Aventure. Égoïsme. Perte. Immoralité. Toxicomanie. Ténacité. Voyage. Instabilité. Morbidité. Magnétisme. Risques de problèmes psychologiques. Prison. Le natif qui a cette étoile dans son zodiaque de naissance sera enclin à penser qu'il n'a pas de chance et que le destin veut certainement lui jouer un mauvais tour en plaçant cette étoile dans son thème, Mais il se trompe. Malgré les apparences, cette étoile est plus bénéfique que néfaste. Elle permet une certaine transcendance de la personnalité par le biais des épreuves. La réussite demeure très possible, surtout quand l'étoile reçoit des aspects bénéfiques des luminaires, de Saturne, de Vénus et des Maisons angulaires près du 0 degré d'orbe. La prison est bien plus morale que physique, à moins d'aspects très contraires.

ÂGES DE RÉFÉRENCES:
ASPECTS:
POURCENTAGE/VALEUR:

Quelques thèmes
de personnages célèbres

EXPLICATION D'UN MODÈLE

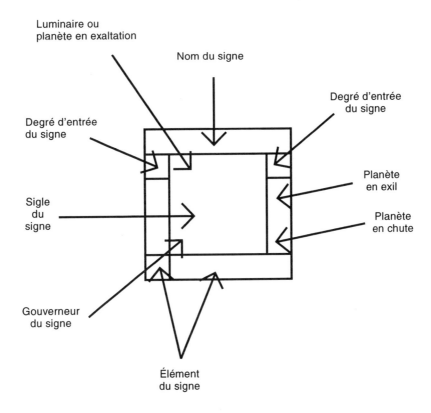

Luminaire ou
planète en exaltation

Nom du signe

Degré d'entrée
du signe

Degré d'entrée
du signe

Planète
en exil

Sigle
du
signe

Planète
en chute

Gouverneur
du signe

Élément
du signe

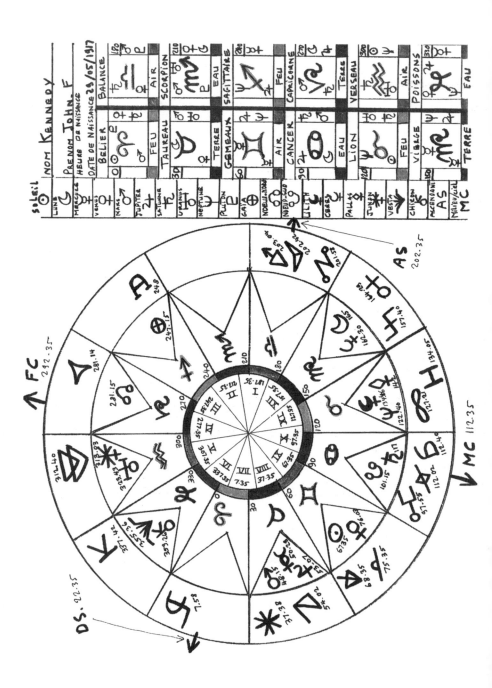

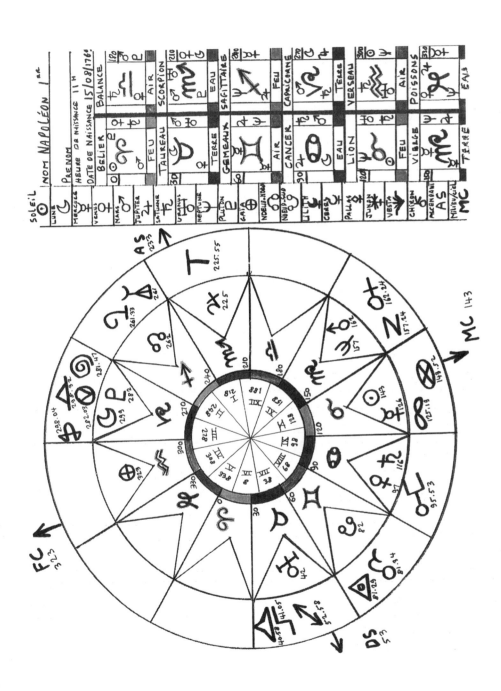

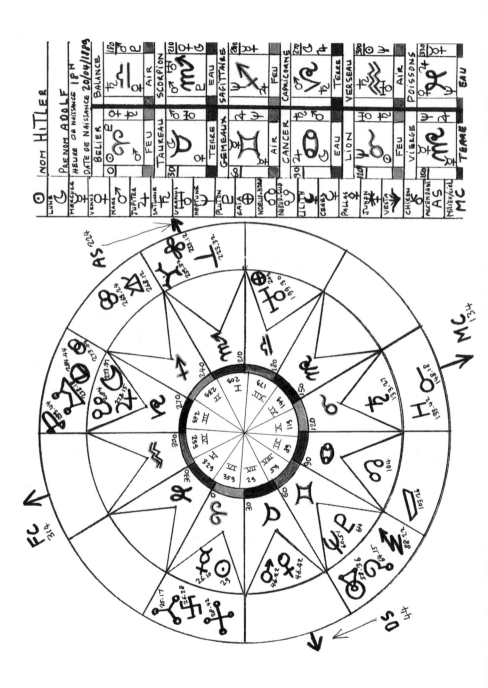

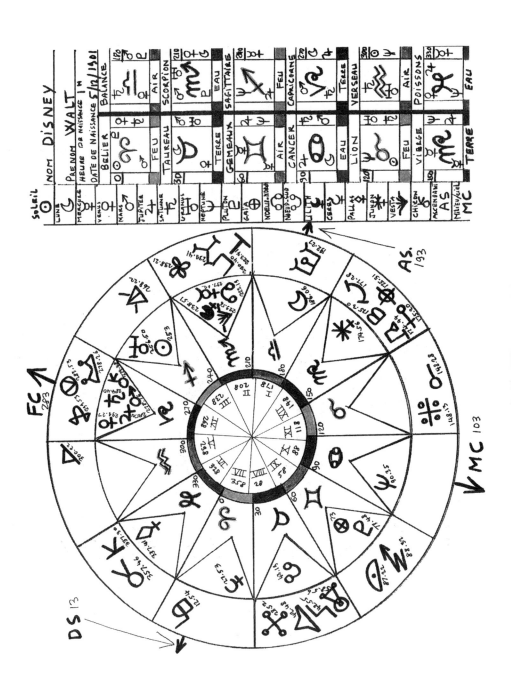

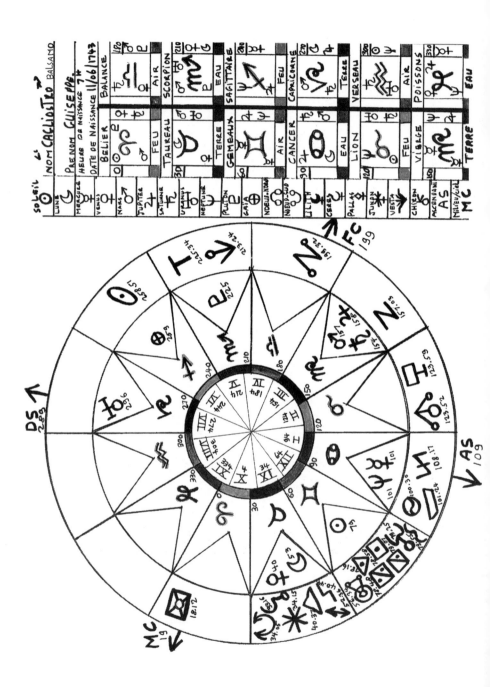

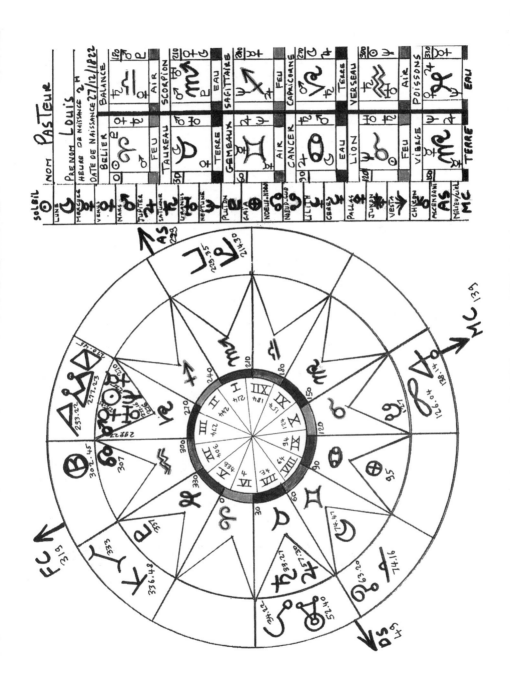

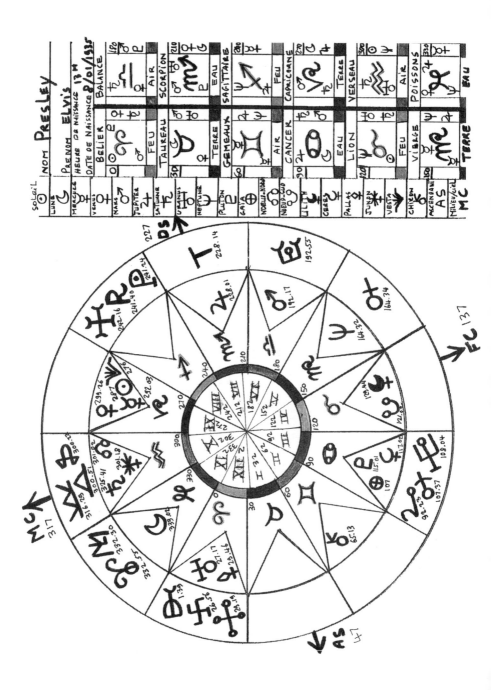

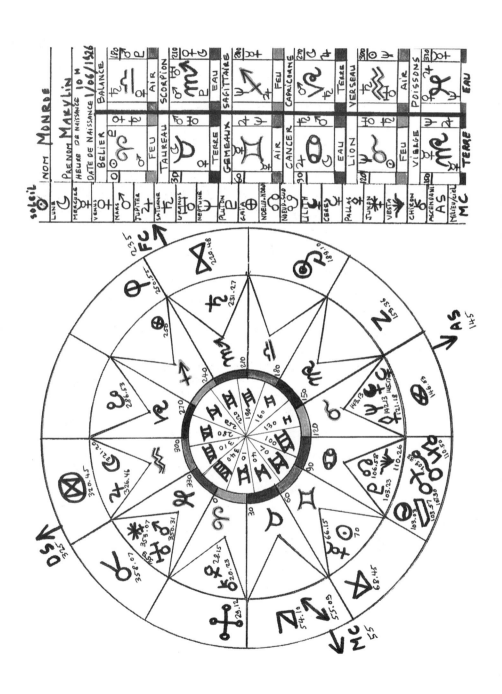

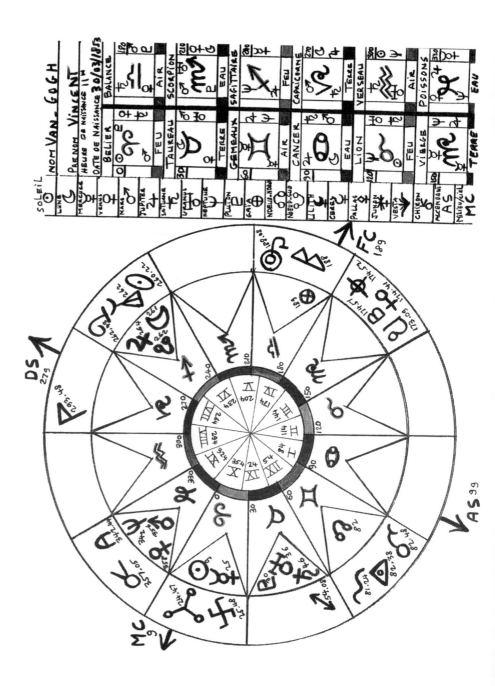

Votre personnalité selon l'ascendant, la Lune ou le Soleil dans votre signe

Pour mieux cerner votre personnalité et vos caractéristiques astrologiques vous devez considérer le lieu de résidence de votre ascendant, du Soleil et de la Lune le jour de votre naissance puis vous en faites la synthèse, car il est très rare qu'un natif soit influencé uniquement par un signe. Donc c'est la synthèse de ces trois significateurs qui détermine la personnalité et les caractéristiques de l'individu, contrairement à la croyance populaire qui dit que vous êtes de tel ou tel signe parce que le jour de votre naissance se trouvait sous l'influence d'un signe astrologique en particulier. Cela est partiellement vrai car le Soleil est omniprésent le jour de notre naissance, mais il n'est qu'un des significateurs. Pour être vraiment natif à 100 % d'un signe, il faut avoir les trois significateurs dans le signe de naissance, ce qui est rare. C'est pour cette raison que la plupart des gens ne se reconnaissent que partiellement dans leur signe.

Si vous avez votre carte du ciel sous la main, faites-en l'expérience: vous serez probablement surpris du résultat.

AVEC L'ASCENDANT, LA LUNE OU LE SOLEIL DANS LE SIGNE DU BÉLIER

Cette position favorise l'audace et l'impulsivité. Vous avez un grand besoin d'aller au delà de vos possibilités et, de ce fait, vous favorisez votre émancipation afin de pouvoir vous réaliser. Le désir de liberté et d'indépendance dans le cadre de la vie familiale est très évident chez vous. D'autre part, vous n'admettez pas que d'autres personnes viennent mettre leurs nez dans vos affaires; vous estimez à juste titre bien souvent, que cela est uniquement de votre ressort. Vous avez toutefois un grand esprit d'initiative et une grande ténacité, ce qui vous permet souvent de mener à bien des projets très difficiles. Vous devez être très attentif en ce qui concerne l'eau ou les liquides en général, ils représentent un danger dans votre cas.

Sur le plan de la santé, vos parties vulnérables sont: cerveau, nez, sinus, oreilles, dents et tout ce qui englobe la tête dans son ensemble. Vous devez accorder à une attention particulière à votre alimentation, car cela peut favoriser l'émergence de maladies allergiques ou psychosomatiques, qui sont très souvent le résultat d'un mode de vie anachronique. Très souvent, le natif du Bélier ne fait qu'occasionnellement attention à son alimentation.

Il est donc recommandé au natif de ce signe de pratiquer un sport qui occasionne une grande dépense d'énergie, ce qui lui permet bien souvent de brûler des toxines nuisibles pour son organisme. Toutefois, en prenant de l'âge, vous devez être attentif à votre circulation sanguine et surveiller vos reins en particulier: votre régime de vie les a probablement malmenés.

AVEC L'ASCENDANT, LA LUNE OU LE SOLEIL DANS LE SIGNE DU TAUREAU

Cette position favorise des puissants appétits sur tous les plans en général, plus particulièrement sur le plan matériel. Bien souvent, l'accroissement des gains ou du capital se fait par le biais du contact avec une clientèle ou un public. Goût prononcé pour le jardinage ou la botanique dans son ensemble, ce qui développe en outre une certaine sagesse et laisse transparaître de la douceur. Le natif n'est pas pour autant démuni face à la vie. Bien au contraire, il est puissamment armé pour faire face à son destin, car ce signe lui confère une grande vivacité d'esprit et un caractère plus sympathique qu'on le croirait de prime abord. Toutefois, le natif devra se méfier de son caractère plus influençable qu'il ne veut l'admettre. Malgré son caractère inflexible, on peut le faire changer d'idée en lui faisant miroiter le beau côté de la chose, par exemple un acquis important pour lui. On peut dire que dans son ensemble, le Taureau est une bonne fête qu'il faut savoir faire lever.

Sur le plan de la santé, surveillez plus particulièrement le cou, la gorge, la bouche, la langue, les vertèbres cervicales, les oreilles et la thyroïde. En prenant de l'âge, vous devez accorder une attention particulière à votre alimentation, souvent trop riche en sucre; cela occasionne une très grande tendance à l'embonpoint et aussi de l'hypoglycémie qui se répercute sur la thyroïde, ce qui peut provoquer une chute importante du tonus et favoriser des accès de mauvaise humeur. Un régime approprié serait un bon remède pour le Taureau. Mais cela relève de l'exploit car il ne va le faire que spasmodiquement; quand son envie de sucre prend le dessus, il plonge ses papilles dedans et, de ce fait, il perd les acquis du régime. Vous avez une forte tendance à la constipation, résultat de votre régime trop riche en sucre et en nourriture raffinée. Vous devez surveiller votre circulation du sang, mais plus particulièrement veineuse: faiblesse évidente, pour le natif de ce signe, et cela favorise souvent l'émergence de troubles liés à cet état de faits. Le sommeil et le calme sont le meilleur reconstituant pour le Taureau.

AVEC L'ASCENDANT, LA LUNE OU LE SOLEIL DANS LE SIGNE DES GÉMEAUX

Cette position favorise une grande activité mentale et une perception intellectuelle très vive. Vous avez un goût évident pour le contact avec les gens ou le public. Le natif sera doté d'une grande perception de l'entourage, d'une vivacité d'esprit et d'une intelligence en ce qui regarde la faculté d'adaptation à son environnement immédiat. Le natif de ce signe est probablement très original dans son comportement, mais il est en outre très influençable. Le Gémeaux a des grandes aptitudes pour les sciences artistiques et les communications en général et a la fâcheuse habitude d'être en perpétuel mouvement et de faire preuve d'une hésitation maladive. Il a en outre une grande attirance pour la jeunesse et pour la nouveauté en général. Il a une sainte horreur de penser à la vieillesse ou à la retraite, car cela est un signe de décrépitude pour lui.

Sur le plan de la santé, les parties vulnérables du natif de ce signe sont: mains, membres supérieures, épaules, poumons, bronches et nerfs qu'il a la fâcheuse habitude de malmener. En prenant de l'âge, le natif aura tendance à développer des rhumatismes des membres supérieurs, des accès d'angoisse et des migraines qui sont le résultat d'une crise du foie ou d'une assimilation difficile des aliments. Les allergies de toutes sortes sont souvent un fardeau que le natif aura peine à supporter. Les névralgies et les sinusites sont surtout présentes dans la première partie de la vie. Quand le natif se prend en main et fait un régime de vie adéquat, ces maux disparaissent comme par miracle. Afin de pouvoir maintenir un bon équilibre, il devra faire du sport et plus particulièrement des sports rapides qui correspondent mieux à sa nature. Il est primordial pour lui de faire des exercices respiratoires au grand air, et le plus loin possible de la pollution.

AVEC L'ASCENDANT, LA LUNE OU LE SOLEIL DANS LE SIGNE DU CANCER

Cette position favorise la création et la fécondité avec une grande dépendance au sens large du mot. Cela donne en outre des bonnes chances sur le plan matériel. Les bons rapports avec l'entourage favorisent l'accroissement du patrimoine, surtout dans la deuxième partie de la vie du natif. Cela favorise l'émergence d'un caractère irascible et vengeur quand les contrariétés sont trop fortes. Il y a aussi une fragilité des yeux avec une menace de cécité. Attention, le natif devra être attentif en ce qui concerne les liquides en général; risque de noyades ou d'épreuves par les liquides. Le natif de ce signe est très sensible et a un tempérament rêveur avec une pointe de nonchalance qui lui donne une expression naïve et étonnée. Son regard est souvent comparable à celui d'un enfant, son imagination est très féconde. Cela le conduit à vivre parfois des situations très compliquées, voire éprouvantes.

Sur le plan de la santé, le natif de ce signe devra surveiller particulièrement l'oesophage, l'estomac, le duodénum, le foie, la poitrine, la cage thoracique, les pectoraux et les muqueuses. De par sa nature, le cancer a une forte propension a l'hypocondrie; il s'empoisonne la vie lui-même, le moindre petit malaise prend à ses yeux une dimension importante; son sommeil est anachronique, il dort peu ou beaucoup, ce qui provoque parfois des sautes d'humeur et peut le rendre irascible. Comme il a tendance à se replier sur lui-même et à intérioriser ses émotions, cela favorise souvent les ulcères ou de l'aérophagie chronique, à cause de son habitude à ingurgiter les aliments en vitesse. Dans la deuxième partie de la vie, il devra se faire suivre médicalement car il aura une forte tendance à développer une maladie psychosomatique.

AVEC L'ASCENDANT, LA LUNE OU LE SOLEIL DANS LE SIGNE DU LION

Cette position prédispose le natif à avoir des dons, pour les arts visuels (cinéma, théâtre, esthétique, mode, coiffure, télévision, etc.) et pour la politique. Grande confiance en soi, générosité et esprit chevaleresque avec un sens profond de l'amitié. Le natif a un sens intuitif puissant avec un sens du commandement et de l'autorité. Cela favorise aussi l'émergence d'un orgueil exacerbé. Très grandes chances d'obtenir la réussite et le succès par les qualités de leadership du natif. Le Lion est très fier, il ne dévoilera de sa personnalité que le côté positif, ce qui lui permettra d'afficher son aura positive et d'être considéré comme un vainqueur. Il n'aime pas être mis sur la touche car cela l'insulte au plus haut degré, et il n'a pas tout a fait tort, après tout, c'est lui le roi!

Sur le plan physiologique, le natif de ce signe devra accorder une attention spéciale à ses parties vulnérables qui sont: le cœur, les artères et les veines, la circulation sanguine, le dos, les vertèbres, le plexus solaire, la rate et le pancréas. Malgré sa très grande résistance, il peut arriver que le natif soit malade; dans ce cas, il devient très impatient et se fait un devoir de prendre tous les remèdes pour obtenir une rémission ou bien la guérison le plus tôt possible, pendant cette période, il est très impatient et d'une humeur massacrante. Ce n'est vraiment pas le moment de lui casser les pieds. Le natif de ce signe est plus inquiet qu'il ne veut bien le laisser paraître, car l'énergie qu'il déploie pour masquer ses soucis mine sa santé. Avec l'âge, les maladies sont surtout en relation avec le sang, le cœur, le système urinaire, la moelle épinière et le système génital. Il doit aussi accorder une attention spéciale à ses yeux. À son grand désarroi, le natif peut vivre très vieux car pour lui, c'est un signe de déchéance.

AVEC L'ASCENDANT, LA LUNE OU LE SOLEIL DANS LE SIGNE DE LA VIERGE

Cette position prédispose le natif à avoir une nature très intuitive et à un sens de la logique très développé. Il est en outre d'une nature scrupuleuse et inquiète, avec de bonnes aptitudes au raisonnement supérieur qui lui font saisir des idées incompréhensibles pour d'autres. Le natif a aussi un don d'analyse puissant et un sens critique développé. Toutefois, une menace d'affliction et de problèmes intimes. Le natif peut laisser bien souvent transparaître une certaine timidité, alors que c'est simplement son orgueil et sa réserve qui le font percevoir comme tel dans son entourage. C'est un être hypersensible qui essaie de contrôler ses émotions. En résumé, c'est un volcan en sommeil qui risque de faire irruption à tout moment. Le natif de ce signe n'aime pas particulièrement l'imprévu, on peut dire même qu'il déteste. C'est un planificateur né et toutes choses qui lui échappent le mettent hors de lui et peuvent favoriser une irruption soudaine de sa part. Sur le plan physiologique, les points faibles du natif de la Vierge sont: les intestins, le foie, la rate, le duodénum, le pancréas, le cholédoque et le système nerveux dans son ensemble. Adulte, le natif de la vierge est très soucieux de sa bonne forme physique. Il est en outre très attentif à son propre régime alimentaire; il s'intéresse donc beaucoup à la diététique. Grâce à son comportement alimentaire, le natif est rarement malade, mais la fatigue est on ne peut plus présente chez lui. Toutefois, si la maladie accroche ce natif, ce sera surtout l'arthrite ou l'arthrose et des problèmes au niveau de tout l'appareil gastro-intestinal. Pour y remédier, le natif de ce signe se soignera plutôt par le biais des médecines douces. Il lui est très fortement conseillé de faire du sport.

AVEC L'ASCENDANT, LA LUNE OU LE SOLEIL DANS LE SIGNE DE LA BALANCE

Cette position prédispose le natif à avoir une chance supérieure à la moyenne. Cela donne également le sens du groupe et un goût évident pour les sociétés en général, avec une grande attirance pour la politique, la justice, la religion et la diplomatie. Le natif est d'une nature sensible et raffinée; il a horreur de la grossièreté en général. Donne une grande possibilité de plusieurs unions dans le sens large du mot, ce qui prédispose le natif à avoir des problèmes ou des procès liés aux mariages ou aux associations. Le natif de ce signe est très sensible au regard d'autrui; il se donne beaucoup de mal pour se faire aimer, il est constamment à la recherche de son équilibre. Il agit et réagit souvent en fonction de son émotivité et de ses états d'âme.

Sur le plan physiologique, les parties vulnérables de son corps sont: les reins, les glandes surrénales, les vertèbres lombaires, la vessie, l'urètre, la prostate et le rectum. Le natif de ce signe prend un très grand soin de sa personne et ne ménage rien pour se sentir bien dans sa peau. Avec l'âge, il a tendance à prendre de l'embonpoint. Il se fait alors un devoir se suivre un régime adéquat pour retrouver sa silhouette; chose curieuse, il y arrive parfois. Il est un peu du type bicolore, il rougit ou pâlit facilement en fonction de ses émotions. Quand les deux luminaires sont dans le signe de la balance, cela donne au natif une grande sensibilité au froid, surtout aux extrémités des bras et des jambes. Le natif devra accorder une attention spéciale à ses reins et à son système urinaire; avec l'âge, il y a un risque évident de développer des pathologies à ce niveau. Il devra en outre être très prudent en manipulant des objets lourds, car il y a un risque de problèmes au niveau lombaire. Un peu d'exercice et une nourriture équilibrée, pas trop salée, permettront au natif de vivre une vieillesse tranquille.

AVEC L'ASCENDANT, LA LUNE OU LE SOLEIL DANS LE SIGNE DU SCORPION

Cette position prédispose le natif à avoir un caractère dur et pas facile à vivre, aussi bien pour le natif que pour son entourage. Il a des dons pour l'occultisme en général. Cette position fait souvent vivre un veuvage important au sein de la famille, plus particulièrement dans le cadre du mariage. Le natif est aussi doté d'un magnétisme puissant et d'une nature intuitive. Il aura très probablement une vie sentimentale anachronique qui sort de l'ordinaire. La fertilité et la créativité sont plus importantes quand les deux luminaires y sont présents. Le natif a en outre le sens de la stratégie et le flair très développés. Il ne fait jamais rien a moitié; il est parfois intransigeant et même agressif avec son entourage. Comme il est la plupart du temps du temps sur ses gardes, cette tension épuise souvent son potentiel énergétique. Ce signe donne fréquemment une nature très rancunière.

Sur le plan physiologique, les parties vulnérables du natif sont: les organes génitaux, la vessie, l'urètre, l'anus, les glandes en général, mais plus souvent les grandes reproductrices, le nez et les sinus. Le natif du Scorpion a une bonne santé, mais il est très vulnérable aux épidémies de toutes sortes, et cela souvent par sa faute. Il est d'un naturel très imprudent et ne prend pas les précautions qui s'imposent pour prévenir. En outre, il a un seuil de résistance à la souffrance surprenant. Avec l'âge, le natif aura très probablement tendance à avoir des troubles liés à la sexualité. Le natif risquera de développer une pathologie au niveau de la prostate, la vessie les organes génitaux, la circulation des liquides en général et plus souvent que dans d'autres signes le côté psychique est à surveiller, car il risque de favoriser l'émergence de maladies psychosomatiques, surtout quand la Lune et le Soleil sont présents dans le signe à la naissance. Comme ce natif est très dur avec lui, cela fait un malade difficile à soigner: il n'écoute pas très souvent le conseil des docteurs, il croit que cela n'est qu'une maladie passagère que son organisme arrivera à surmonter.

AVEC L'ASCENDANT, LA LUNE OU LE SOLEIL DANS LE SIGNE DU SAGITTAIRE

Cette position prédispose le natif à la philosophie et lui accorde dans bien des cas un don de double vue et un goût du risque très actuel. Ce natif est en outre un aventurier dans l'âme. Il peut entreprendre des voyages n'importe où dans le monde. S'il le pouvait, il partirait dans l'espace pour découvrir la galaxie et les étoiles. Il a un sens artistique très développé et une nature idéaliste. On peut dire qu'il a constamment la bougeotte; il fera beaucoup de rencontres qui, des fois, peuvent se traduire par des liaisons plus ou moins orageuses. Le natif de ce signe a tendance à être un peu fleur bleue et à piquer des colères spectaculaires, ce qui peut lui valoir des inimitiés dans son entourage. C'est bien souvent un épicurien dans l'âme. Il peut être d'un commerce agréable; toutefois, il devra se méfier de son amour de la vitesse, car cela peut lui jouer un mauvais tour. Quand il y a le Soleil et la Lune à la naissance, le natif du Sagittaire a des grandes chances de gains par les jeux de hasard, surtout quand les luminaires et Venus transitent ensemble dans ce signe.

Sur le plan physiologique, les parties vulnérables du Sagittaire sont: les nerfs, les vertèbres, les hanches, les cuisses, le système digestif, en particulier, le foie, le bassin et les voies respiratoires. Avec l'âge les pathologies qu'il développe touchent le bas du corps; il pourra être sujet à des crises de sciatique, de la coxalgie, des crampes musculaires, de l'herpès et des allergies de toutes sortes qui sont souvent le résultat de son alimentation trop riche et mal équilibrée. Pour être bien dans sa peau, il devra faire des sports rapides qui lui permettront de brûler ses toxines. En cas de maladie, on peut dire que le Sagittaire est un bon patient, il fera le nécessaire pour retrouver sa santé.

AVEC L'ASCENDANT, LA LUNE OU LE SOLEIL DANS LE SIGNE DU CAPRICORNE

Cette position prédispose le natif à avoir le sens du sacrifice avec une très forte tendance au repliement sur soi. Il n'est pas rare de voir des natifs de ce signe fortement influencés par les luminaires et Saturne, significateur du signe, vivre en ermite ou isolés du monde. Prédispose à une forte ambition et à une certaine froideur vis-à-vis de son entourage; donne un goût pour les études dans les domaines du social, de la politique, de l'histoire, du syndicalisme et de la religion. Le natif de ce signe a une grande maîtrise de ses sentiments; il peut paraître froid et insensible, mais il n'en est rien, car il est plutôt introverti et intériorise ses émotions, le natif de ce signe a le sens des responsabilités; on croirait même qu'il est un pessimiste perpétuel à la recherche de la satisfaction personnelle. Le natif de ce signe n'est pas spécialement belliqueux, mais il peut piquer à l'occasion des colères spectaculaires; une fois l'orage passée, tout redevient calme. Sur le plan physiologique, les points vulnérables du Capricorne sont: les genoux, les rotules, les ménisques, les jambes, le squelette, la peau et les yeux. Avec le temps, il aura tendance à développer des pathologies aux niveau du squelette et de la peau qui se traduiront par des rhumatismes plus particulièrement dans les genoux, du psoriasis, de l'eczéma, de l'urticaire, des démangeaisons et une chute des cheveux précoce; il est également sujet à l'épanchement de synovie, à la colite et aux troubles intestinaux de toutes sortes. Dans son intérêt, il devrait raire des exercices de souplesse pour renforcer sa structure osseuse et faire des exercices respiratoires pour augmenter sa capacité thoracique. Quand il est malade, le natif du Capricorne se soigne énergiquement et aime que le médecin traitant lui explique les tenants et les aboutissants de

sa maladie. Nanti de ses informations, il demandera un traite-
ment-choc pour en finir le plus vite possible.

AVEC L'ASCENDANT, LA LUNE OU LE SOLEIL DANS LE SIGNE DU VERSEAU

Cette position prédispose à l'imagination et accroît le sens
social du natif avec une forte tendance à l'hésitation. Cela
donne en outre une nature plutôt chimérique ainsi qu'un caractère inventif et réalisateur. Il a un amour évident de l'indépendance et de la liberté. Prédispose le natif à avoir une
séparation ou un divorce dans la famille directe, soit dans sa
propre union ou dans celle de ses parents. Cela favorise
l'émergence d'un bon sens artistique ou d'un talent spécial. Le
natif de ce signe est un kaléidoscope intellectuel très intelli-
gent et novateur. Il réagit promptement aux sentiments et à
l'affectivité. Très vif et susceptible, il se met rapidement en
colère et peut devenir bouduer quand il ne peut pas épancher
sa colère dans son entourage. Les significations que ce signe
annonce sont d'autant plus fortes quand il est le locateur de la
Lune, du Soleil et de l'ascendant. Ce natif a en outre un très
grand sens de l'amitié, ou obligations pour maintenir cette
amitié.

Sur le plan physiologique, les parties vulnérables du Verseau sont: les genoux, les jambes, les chevilles, les pieds, les
articulations et le système sanguin au complet. Sous l'apparence d'une certaine fragilité, le natif de ce signe cache une
très grande résistance aux maladies. Avec l'âge, les pathologies qu'il aura tendance à développer seront surtout au niveau
des liquides et en particulier liées à sa mauvaise circulation
sanguine telles que: varices, ulcères, hémorroïdes, coupe-
rose, vertiges, angiomatose, ambolie et rupture d'anévrisme.
Il devra en outre surveiller ses reins, son cœur et ses nerfs,
car il peut développer des problèmes tels que: angine de
poitrine, spasmes du cœur, spasmophilie, angoisses et urémie. Le natif de ce signe n'est pas a priori un gros mangeur,
mais il peut à l'occasion être une bonne fourchette quand les
circonstances et l'ambiance s'y prêtent. Quand il tombe malade, il devra être mis en confiance et rassuré par le médecin;
il a tendance à aggraver son cas par un état morbide. Le
meilleur remède pour le Verseau, c'est l'activité et la distrac-

tion; quand il est occupé, le Verseau est heureux et, ainsi il n'a pas tendance à broyer des idées noires.

AVEC L'ASCENDANT, LA LUNE OU LE SOLEIL DANS LE SIGNE DES POISSONS

Cette position prédispose le natif à avoir une nature hésitante et une certaine faiblesse de caractère. Toutefois, comme il agit souvent par le biais d'une certaine inertie, on serait tenté, de croire que le natif du signe fait preuve de mollesse. Il n'en est rien; c'est plutôt sa faculté d'adaptation et son sens politique qui le font percevoir comme tel. Une des caractéristiques des Poissons que l'on remarque du premier coup d'œil, c'est son regard et ses cheveux, car il a des yeux très grands et une chevelure rarement épaisse. Chez le natif, le psychisme conditionne souvent sa forme physique, c'est un rêveur qui vit les deux pieds sur terre, perdu dans un monde mystérieux qui lui appartient et dont il est le seul à voir. Le natif de ce signe qui a l'ascendant, la Lune et le Soleil dans les Poissons a de bonnes possibilités d'obtenir la popularité et l'élévation par le biais d'un public ou d'une élection. Il a en outre des coups de chances très importants aux jeux ou autres.

Sur le plan physiologique, les parties vulnérables des Poissons sont: les voies respiratoires, le système lymphatique, les pieds, la digestion et la psychisme. Le natif des Poissons a rarement des maladies graves, mais il a assez souvent des ennuis de santé qui lui empoisonnent l'existence et provoque des sautes d'humeur vis-à-vis de son entourage. Avec l'âge, les pathologies que le natif développe sont: l'angoisse, les maladies virales telles que les grippes, les rhumes, les herpès et autres. D'autre part, comme le natif des Poissons se nourrit plus ou moins bien, il aura tendance à développer des troubles de la digestion et de l'assimilation, ce qui favorise l'émergence de certaines allergies et des tendances oedémateuses. Il a aussi une certaine fragilité sur le plan hormonal et endocrinien. Malgré tous ses troubles, le natif de ce signe a de très grandes chances de vivre vieux, car il fait très attention à sa petite personne et prend les moyens nécessaires pour se soulager à la moindre petite alerte.

Conclusion

En conclusion, l'astrologie des étoiles ne prétend pas remplacer l'astrologie conventionnelle que les astrologues contemporains pratiquent. Cependant, elle peut être un outil très utile pour orienter et peaufiner le zodiaque de naissance du natif. De plus, elle présente l'avantage d'être accessible à tout le monde qui sait lire et compter. La partie la plus complexe est d'échafauder le zodiaque de naissance du natif à partir de sa date de naissance, du lieu et de l'heure de naissance. Vous pouvez le faire vous-même si vous le voulez, mais cela vous prendra les outils suivants: les éphémérides des luminaires, des planètes, des Nœuds lunaires, de la Lune Noire (Lilith), de Chiron et des astéroïdes. Quant à la Terre (Gaïa), elle est toujours en face du Soleil comme le Nœud lunaire Sud en face du Nœud lunaire Nord. Si vous ne voulez pas investir dans l'achat de ces livres, vous pouvez les consulter dans une bibliothèque publique, par exemple. Une autre solution est de faire monter votre carte du ciel par un astrologue ou une personne de votre entourage qui sait le faire. Ensuite, il ne vous reste plus qu'à inscrire les étoiles qui sont en conjonction avec un des significateurs de 0 à 1 degré d'orbe au maximum. Pour l'interprétation, vous n'avez qu'à aller à la rubrique «Marche à suivre pour l'interprétation de votre thème» et suivre les indications.

Comme vous pouvez le constater, je préconise uniquement l'utilisation de la longitude des étoiles fixes en conjonction avec les significateurs du zodiaque de naissance. Cette méthode vise à respecter la tradition et le sens cosmique des étoiles tels que préconisée par les Anciens.

Je termine ce livre en vous souhaitant beaucoup d'agrément et de succès dans la lecture et la pratique de l'astrologie des étoiles.